RECOMECE

Deus acredita em você!

Pe. João Marcos Polak

RECOMECE

Deus acredita em você!

Suas falhas não são maiores que o Amor de Deus

Canção Nova
EDITORA

Direção geral: Fábio Gonçalves Vieira
Capa: Sebastião Assunção de Almeida Filho
Preparação, diagramação e revisão: Bruno Castro

Este livro segue as regras da Nova Ortografia da Língua Portuguesa.

Editora Canção Nova
Rua João Paulo II, s/n – Alto da Bela Vista
12 630-000 Cachoeira Paulista – SP
Tel.: [55] (12) 3186-2600
E-mail: editora@cancaonova.com
loja.cancaonova.com
Twitter: @editoracn

ISBN: 978-85-7677-756-4

*Não temas, porque eu te resgatei; chamei-te
pelo próprio nome, tu és meu!*

*Não deveis ficar lembrando as coisas de outrora, nem
é preciso ter saudades das coisas do passado.*

*Eis que estou fazendo coisas novas, estão
surgindo agora e vós não percebeis?*

(Isaías 43, 1.18-19)

Sumário

Prefácio

Recomece – Deus acredita em você é o título sugestivo do primeiro livro do Pe. João Marcos. Digo "primeiro livro" porque, lendo este primeiro, você também poderá dizer: "Outros virão".

É melhor apresentar a pessoa e não o livro. Pe. João Marcos, mais do que um escritor, é um evangelizador. Ele escreveu este livro na sede de amplificar ainda mais seu ardor e possibilidade de evangelizar. Ele é um evangelizador cheio de entusiasmo, que eu diria irrequieto na sua ânsia de levar Jesus Cristo e a sua Boa Nova a mais e mais pessoas.

Cheio de destemor, ele não se deixa intimidar por nada e por ninguém, quando se trata de levar a Boa Nova e conquistar pessoas para Cristo.

O Espírito Santo lhe dá muita coragem nesta missão, que ele assumiu plenamente. Essa coragem o leva a enfrentar todas as barreiras que forem necessárias para salvar almas. Posso dizer que ele é um valente guerreiro que põe em ação toda a sua valentia, arriscando tudo para não perder nenhuma alma.

Pe. João Marcos é provido de um destemor e um desassombro sem igual, e ele sabe usá-lo bem nos momentos certos.

Ele é revestido de uma qualidade muito necessária aos evangelizadores: a audácia. A audácia por Cristo é uma coisa preciosíssima. Ela leva os simples cristãos às raias do heroísmo.

Todas essas qualidades formam o que diz a palavra grega "parresia", da qual Pe. João Marcos está repleto. Ele é um bom discípulo, que está aprendendo e tudo faz buscando sempre a parresia.

Quanto à pessoa, era isso que eu queria compartilhar com você. Em relação ao livro, leia-o agora, e me dará razão quanto ao que escrevi.

Boa leitura e que Deus abençoe você!

Mons. Jonas Abib

Introdução

Recomece – Deus acredita em você! Por que um livro com esse título? Você vai perceber quais foram as motivações para dizer que Ele não desiste de nós, mesmo quando não acreditamos no seu amor, sua graça, poder e misericórdia, pois Deus vai além de nossas limitações e nossas quedas. Ele continua acreditando no ser humano e dando-lhe oportunidade de recomeçar o tempo todo; basta aceitar e querer um tempo novo, um tempo de graça de vitória na presença do Senhor.

Resolvi escrever com o intuito de colaborar para que tenhamos uma experiência viva com o Deus Santo, o Deus de Abraão, de Isaac, de Jacó, o Deus todo-poderoso que abriu o Mar Vermelho e conduziu o povo que desejava chegar à terra prometida, fazendo jorrar água da rocha e chover maná do céu para alimentá-lo. Ele é o Deus que não desistiu e não desiste do ser humano. É o Deus dos profetas, dos reis, dos Apóstolos, da Virgem Maria, dos grandes homens e mulheres que fizeram e fazem a diferença na história da humanidade. Que Deus é esse? É o Deus todo-poderoso, o Deus Uno e

Trino que se manifestou na pessoa do Verbo encarnado por meio do Espírito Santo.

Em Cristo, o homem ganha uma nova chance de voltar para Deus, ou melhor, de reatar sua amizade perdida pelo pecado. Jesus veio para elevar nossa humanidade a Deus, nos religar ao Pai. Nele, e com Ele, é possível ser renovado e buscar uma vida verdadeira, cheia da graça e do poder de Deus.

Jesus restabeleceu a dignidade das pessoas. Ele não teve medo de se aproximar dos mais necessitados, olhar para eles, tocá-los e direcionar suas vidas. Ele é o Deus libertador, transformador e ressuscitador. Curou o cego, o leproso, o mudo e o paralítico, mas o maior milagre que Jesus fazia não era a cura física, e sim o fato de parar, olhar e amar aqueles que ninguém olhava e que, muitas vezes, foram deixados de lado pelos "nobres" da época.

Jesus tinha um carinho especial pelos mais necessitados. Mesmo que estivesse no meio da multidão, Ele parava, olhava, perguntava, perdoava e curava. Assim, acontecia a valorização da pessoa, principalmente daqueles que não tinham mais chance diante da sociedade e até mesmo de alguns religiosos da época. Pelo fato de Jesus dar atenção e perguntar, acontecia já ali um prodígio: o milagre do sentir-se valorizado e acolhido por alguém – pois ter a certeza de que você não é mais um na multidão, mas um filho amado do coração do Pai, faz toda a diferença. "Que maravilha! Jesus parou diante da minha necessidade e fui atendido. Que Deus bondoso e poderoso! Ele acredita em mim", era o pensamento de quem experimentava milagres por meio Dele.

Esse Deus que realizou tantas graças na vida das pessoas continua acreditando e realizando milagres, transformações e restituindo vidas. Muitos já deixaram de sonhar, de acreditar, de prosseguir na caminhada por vários motivos. É certo que, mesmo que você não acredite, há Alguém que acredita, que sempre olhou por você desde antes do seu nascimento e continua a tomá-lo pela mão, para que não desista dos seus objetivos, mas acredite que é possível seguir em frente, é possível acreditar novamente, é possível recomeçar contando sempre com essa presença que não decepciona e não desampara.

Eu não sei quais são os seus sonhos, ou se você ainda os tem. O que sei é que é possível restabelecer um tempo novo a partir de hoje, começar a sonhar novamente e acreditar que em Deus tudo pode se realizar.

Ao mesmo tempo em que encontramos pessoas desanimadas, sem vontade de lutar, percebo também que há em nosso caminho pessoas transformadas: homens e mulheres que se levantam na força e no poder da graça de Deus. Passei a reconhecer essas almas principalmente a partir do momento em que entreguei minha vida para Deus e comecei a evangelizar.

Desses que tiveram as vidas transformadas, muitos tinham tudo para dar errado. Traziam uma história de vida sofrida e humilhante – poderia até mesmo dizer que tinham uma vida sem sentido. Eles teriam todos os motivos para entregar os pontos e não mais trilhar o caminho que conduz ao

Pai. No entanto, quando encontram o Cristo, descobrem o que lhes faltava; encontram um Deus que os faz retomar e seguir em frente, sem parar nas situações difíceis e nos problemas. E, assim, um novo tempo se estabelece, tempo de graça, de vitória, de benção e unção de Deus. Tudo toma sentido. A vida, as pessoas, os amigos, os parentes. O dia a dia não é mais o mesmo: muda a maneira de se relacionar com Deus e a vida de oração, surge uma nova maneira de olhar e viver a realidade, não com medo ou preocupação, mas guiados por Alguém que é maior que nós – nosso Pai do Céu, nosso Deus que nos toma pela mão e nos conduz.

Jesus não é mais um estranho, ou somente alguém que viveu, curou e libertou pessoas tanto tempo atrás. Agora Ele se torna próximo, amigo, companheiro de caminhada. Isso não é uma ilusão ou uma ideia abstrata, é realidade que se experimenta através da misericórdia, do amor, da força de um Deus que morreu e ressuscitou para trazer uma vida que vale a pena, que dignifica – ou seja, uma vida nova.

Talvez você me pergunte: "Mas sempre foi assim? Você sempre acreditou e confiou em Deus com tanto amor, audácia e entusiasmo?". Evidentemente, houve toda uma história. Mas, à medida que eu descobri que posso contar com Deus, que Ele não me atrapalha, mas me impulsiona a caminhar e seguir em frente, descobri que tenho em quem me apoiar. Ele me desejou, pensou e sonhou comigo. Ele nunca deixou de acreditar em mim. Mesmo quando eu não confiei e quis desistir, Deus agiu de modo diferente – olhou para mim com misericórdia, me chamou pelo nome e colocou-me no caminho novamente.

Devo dizer que a intenção deste livro não é excluir a dor e o sofrimento, ou fazer de conta que a realidade humana não existe. O que se pretende é fazer com que você assuma que é importante para Deus, e que a entrega Dele na Cruz por amor a nós não foi pouca coisa.

É impressionante a quantidade de pessoas que não acreditam naquilo que já receberam de Deus e nas graças que continuam a receber, dia após dia. Vamos vivendo na correria cotidiana, sem prestar atenção ao carinho e cuidado de Deus para com cada um de nós. E, como temos a tendência de parar no negativo, quando qualquer contrariedade acontece conosco, pensamos que nada de bom aconteceu em nossa história e nos esquecemos que Cristo veio para nos trazer vida plena, com tudo o que ela comporta – alegria, paz, amor, superação, cruz, dificuldades – e que vale a pena viver. Em tudo isso e com tudo isso, somos mais que vencedores graças Àquele que viveu e morreu por cada um de nós (cf. Rm 8,37). "Se Deus é por nós, quem será contra nós?" (Rm 8,31).

Portanto, se estou em Deus, eu posso passar por tudo isso e muito mais; porém, supero essas situações e vou além, com um olhar de fé e esperança no Senhor. Não vivo imunizado das realidades, mas assumo uma postura de cristão para enfrentar todas as adversidades e contratempos que terei que superar. Com o esforço humano e a graça de Deus, somos vitoriosos.

Creia: Deus tem algo a fazer na sua vida, mas é preciso disposição e abertura. Acreditar, aceitar, reconciliar, recomeçar, reconstruir, ressignificar, retomar, reescrever e ressuscitar são passos que Ele vai ajudar você a trilhar com este livro.

Confiar para ressuscitar

SERÁ QUE VERDADEIRAMENTE EU ACREDITO em Deus? Acredito a ponto de confiar minha vida e minhas preocupações, medos, temores e frustrações a Ele?

Vivemos em um mundo onde confiar está cada vez mais difícil. Diante do quadro político, por exemplo, temos dificuldade para confiar nas autoridades. Algo semelhante acontece com as amizades: pode ter acontecido uma desilusão com um amigo, uma frustração que bloqueou você às novas e verdadeiras amizades, ou alguma situação com um profissional da saúde, um vendedor, um contato dentro da Igreja, enfim, temos muitos motivos para desconfiar.

Também a realidade da violência e da dependência química que tem afetado tanta gente faz com que vivamos com medo e com uma certa desconfiança de tudo e de todos. Sabemos que não podemos parar nessas realidades: podemos e devemos dar uma nova chance para alguém que tenha errado conosco ou nos desiludido. É possível fazer novos amigos e acreditar novamente nas pessoas. Tudo depende de como vamos encarar as situações da nossa vida.

Essa desconfiança poderá levar à falta de fé, pois uma pessoa machucada e ferida na sua história pode se desiludir com Deus. Ele, que deveria ser o mais próximo, o amigo verdadeiro, o companheiro fiel que pode nos segurar pela mão para seguirmos em frente, torna-se um estranho distante. Vive-se algo como "Deus no céu e eu aqui na terra". Não existe contato, relacionamento, amizade, intimidade. Quem passa por isso talvez até reze e cumpra os "preceitos", mas tende a passar os seus dias sem vida, sem a verdadeira fé que transforma, impulsiona e faz viver.

Somos chamados a renovar nossa fé e retomar nossa confiança.

> Ouve, Israel! O Senhor nosso Deus é um só. Amarás o Senhor, teu Deus, de todo o teu coração, com toda a tua alma, com todo o teu entendimento e com toda a tua força! E o segundo mandamento é: "Amarás teu próximo como a ti mesmo"! Não existe outro mandamento maior do que estes. (Mc 12,29-31).

Deus nos deu duas opções: amá-lo ou rejeitá-lo. Quando optamos por amar o Senhor, assumimos Deus como centro da nossa vida e aceitamos que não estamos sós, que podemos e devemos contar com essa presença de amor e misericórdia. Mas toda escolha traz consequências, para o bem ou para o mal; por isso, precisamos nos tornar responsáveis por aquilo que optamos e aprender com os erros da vida, louvando a Deus pelos acertos e graças recebidas.

Não podemos parar no limite e na dificuldade. Sempre é possível confiar um pouco mais e viver uma vida cheia da graça de Deus, pois assumir o Senhorio de Cristo é assumi-lo em nosso olhar, em nossas atitudes e testemunho de vida. Deus precisa estar em primeiro plano em nossa vida; assim, é possível aprender e seguir em frente.

O Senhor é quem nos ajuda a voltar nosso coração para Sua presença. Sem Ele andamos sem rumo; junto Dele encontraremos a direção. Podemos passar por desertos em nossa vida, mas se não deixarmos de caminhar com Cristo, tudo será diferente e tomará novo rumo.

Acreditar faz parte da nossa caminhada: acreditamos na cozinheira quando vamos ao restaurante, acreditamos no piloto do avião, no motorista do ônibus, no médico, quando pegamos a receita e tomamos aquele remédio que nos indicou. Portanto, vivemos de confiar e acreditar em pessoas, pois dependemos do outro para viver. Com Deus é a mesma coisa, somos nós que precisamos da sua presença, da sua graça, da Igreja e dos Sacramentos. Contudo, muitas vezes estamos nos alimentando do Pão Vivo descido do céu e desconfiamos da presença real de Jesus; estamos na Igreja e recebemos as graças, mas não temos tanta certeza de quem é o piloto, de quem conduz a Igreja. Por isso, vivemos uma fé "morna", mas é importante ressaltar que a Igreja é de Jesus e quem a conduz é o Espírito Santo. Recebemos a "receita" por meio da Igreja, mas nem sempre tomamos esse "remédio", nem sempre lutamos para colocar em prática aquilo que sabemos que é certo e evitar o errado. Portanto, temos os meios; basta disposição e abertura à graça para que nossa vida seja diferente, seja verdadeiramente cheia de fé e de alegria, e que tome um rumo cada vez mais certo.

Assumindo a vida nova

O cristão não pode viver sua fé – sua caminhada rumo à Jerusalém celeste – como um peso. Não é e não pode ser um peso ser de Deus; pelo contrário, ser de Deus preenche o coração, dá sentido à nossa vida, dá segurança para caminhar, com a certeza de que Ele está conosco e que é para Ele que trabalhamos.

Não foi pouco o que Cristo fez por nós. Ele veio morar em nosso meio, foi julgado, maltratado, incompreendido, crucificado e morto – tudo porque nos ama muito – mas ressuscitou, venceu a morte e nos deu vida nova, a qual temos dificuldade de assumir, pois paramos nas "cruzes" do dia a dia, nas lamúrias e nas dificuldades. Com essa nossa postura, corremos o risco de ser como tantos que fazem discursos pessimistas: "Como é difícil ser de Deus...", "Como é difícil viver a Palavra...", "Como é difícil ser cristão, ser padre, ser casado, ser jovem, ser adolescente nos tempos atuais...".

Ou podemos, ainda, ser como aquela pessoa que diz: "Como está difícil! Dou um passo para frente e dois para trás. A vida em Deus é uma luta mesmo, né?". Aí, vem aquela outra pessoa mais pessimista que ela e diz: "Verdade, não é fácil.

Quem disse que era fácil estava enganado". Meu Deus do céu e da terra, quanta lamúria!

Perceba que gastamos muito tempo reclamando das coisas, das pessoas e de Deus, e não aproveitamos para perceber quanta coisa boa acontece à nossa volta. O pessimista, ou o derrotado, olha para baixo, para o negativo. Podem acontecer mil coisas boas na sua vida, na sua história, mas se acontecem duas coisas que não foram positivas, ele fica parado nelas o tempo todo, batendo o dedo na ferida e se martirizando – como se isso fosse resolver a situação. Não espere tudo estar perfeito para você ser feliz. Isso só acontecerá no céu.

Ou será que é assim mesmo? Será que ser de Deus é tão pesado e difícil como muitos falam? Será que é só cruz, sofrimento, dificuldade? Talvez seja assim porque tenhamos nos detido na Sexta-feira Santa, e ainda estejamos parados na Cruz. Mas, para quem confia e tem fé, existe o Sábado do Aleluia, o Domingo da Ressurreição e o Pentecostes.

Mesmo que passemos por momentos de cruzes, dor e sofrimentos, se formos fiéis o sábado vai chegar. No entanto, não podemos nos contentar com o sábado; temos que alimentar esperança pelo Domingo da Ressurreição e pelo Pentecostes, para que vivamos não só como ressuscitados, mas mergulhados na graça divina – ou, melhor, encharcados no amor e na misericórdia de Deus. É um caminho que se faz com a vida, mas uma vida em Deus, pois assim vivemos com a certeza de que, em qualquer momento da nossa caminhada, temos com quem contar e em quem buscar auxílio.

Vivendo um tempo novo

Viver as virtudes teologais da fé, esperança e caridade no papel ou no discurso é muito fácil. No entanto, precisamos lutar para ir além da palavra e assumir essas virtudes na prática, mesmo que isso nos custe um pouco de suor, dedicação e esforço, pois não conseguiremos nada se não nos disciplinarmos e acreditarmos que Deus nos conduz à medida que damos espaço para Ele trabalhar na nossa vida e história.

Temos que assumir a fé e não desanimar em nenhum momento da caminhada, mesmo em meio às dúvidas e medos, pois a fé nos lança a acreditar e confiar cada vez mais no Senhor Jesus. A fé abre caminhos para acreditar em novas possibilidades e nos dá esperança de que algo novo vai acontecer. Há sempre uma outra possibilidade depois da montanha, há sempre uma novidade a ser experimentada e vislumbrada, mas é preciso subir o monte, esforçar-se para sair de si mesmo.

Isso talvez custe, talvez doa, por isso precisemos suar, gastar tempo. Porém, sem esforço não se consegue nada, pois somos livres para responder sim ou não ao projeto de Deus. Ele bate à porta (Ap 3,20), mas eu sou livre para abrir ou não. Quantas vezes eu abro, mas não saio da frente! Há pessoas tão cheias de si que, mesmo abrindo a porta, não dão espaço para Cristo entrar. Mas Ele é insistente, e continua batendo até um dia, quem sabe, amolecer esse coração duro e cheio de tantos entulhos, pois Deus é bom e não desiste – mesmo que não veja resultado, continua insistindo e acreditando em nós.

Talvez a caridade que precisemos fazer seja com nós mesmos: sair desse "marasmo" para ir um pouco além, para subir a montanha, mergulhar na graça e experimentar novos horizontes. Desculpe falar assim, mas tem gente que "morreu e esqueceu de deitar", que está parada nos limites, nos problemas e provações da vida. São pessoas que não conseguem enxergar o Deus da vida, não conseguem ver que, além daquilo que vivem, existem possibilidades maiores. Não é preciso ver para crer – mas, crendo, podemos tocar no mistério.

Meu Senhor e meu Deus!

Tomé, chamado Dídimo, que era um dos doze, não estava com eles quando Jesus veio (Jo 20,24). Era o único discípulo que estava ausente. Ao voltar, ouviu o que acontecera, mas negou-se a acreditar. Veio de novo o Senhor, e mostrou seu lado ao discípulo incrédulo para que o pudesse apalpar; mostrou-lhe as mãos e, mostrando-lhe também a cicatriz de suas chagas, curou a chaga daquela falta de fé. Que pensais, irmãos caríssimos, de tudo isto? Pensais ter acontecido por acaso que aquele discípulo estivesse ausente naquela ocasião, que, ao voltar, ouvisse contar, que, ao ouvir, duvidasse, que, ao duvidar, apalpasse, e que, ao apalpar, acreditasse?

Nada disso aconteceu por acaso, mas por disposição da providência divina. A clemência do alto agiu de modo admirável a fim de que, ao apalpar as chagas do corpo de seu mestre, aquele discípulo que duvidara curasse as chagas da nossa falta de fé. A incredulidade de Tomé foi mais proveitosa para a nossa fé do que a fé dos discípulos que acreditaram logo. Pois, enquanto ele é reconduzido à fé porque pôde apalpar, o nosso espírito, pondo de lado toda dúvida, confirma-se na fé. Deste modo, o discípulo que duvidou e apalpou tornou-se testemunha da verdade da ressurreição.

Tomé apalpou e exclamou: Meu Senhor e meu Deus! Jesus lhe disse: Acreditaste, porque me viste? (Jo 20,28-29). Ora, como diz o apóstolo Paulo: A fé é um modo de já possuir o que ainda se espera, a convicção acerca de realidades que não se veem (Hb 11,1). Logo, está claro que a fé é a prova daquelas realidades que não podem ser vistas. De fato, as coisas que podemos ver não são objeto de fé, e sim de conhecimento direto. Então, se Tomé viu e apalpou, por qual razão o Senhor lhe disse: Acreditaste, porque me viste? É que ele viu uma coisa e acreditou noutra. A divindade não podia ser vista por um mortal. Ele viu a humanidade de Jesus e proclamou a fé na sua divindade, exclamando: Meu Senhor e meu Deus! Por conseguinte, tendo visto, acreditou. Vendo um verdadeiro homem, proclamou que ele era Deus, a quem não podia ver.

Alegra-nos imensamente o que vem a seguir: "Bem-aventurados os que creram sem ter visto" (Jo 20,29). Não resta dúvida de que esta frase se refere especialmente a nós. Pois não vimos o Senhor em sua humanidade, mas o possuímos em nosso espírito. É a nós que ela se refere, desde que as obras acompanhem nossa fé. Com efeito, quem crê verdadeiramente, realiza por suas ações a fé que professa. Mas, pelo contrário, a respeito daqueles que têm fé apenas de boca, eis o que diz São Paulo: "Fazem profissão de conhecer a Deus, mas o negam com a sua prática" (Tt 1,16). É o que leva também São Tiago a afirmar: "A fé, sem obras, é morta" (Tg 2,26).

(Das *Homilias sobre os Evangelhos,* de São Gregório Magno, Liturgia das Horas III, p. 1404-1406)

É certo que as dificuldades e as cruzes vão aparecer, mas quem disse que elas são empecilhos para viver de cabeça levantada? Esperar que tudo esteja bem para sermos felizes é um engano. Como diz a Palavra, "No mundo tereis aflições. Mas tende coragem! Eu venci o mundo" (Jo 16,33).

Coragem, ânimo, força, siga em frente! Não olhe para baixo, para seus problemas, suas dificuldades. Olhe para o Cristo. Ele é o modelo, Ele é o caminho, Ele nos mostra a direção: "olhos fixos em Jesus" (Hb 12,2).

O Catecismo da Igreja nos fala a respeito do pecado contra a esperança:

> O primeiro mandamento visa igualmente os pecados contra a esperança, que são o desespero e a presunção: Pelo desespero, o homem deixa de esperar de Deus a sua salvação pessoal, os socorros para a atingir, ou o perdão dos seus pecados. Opõe-se à bondade de Deus, à sua justiça (porque o Senhor é fiel às suas promessas) e à sua misericórdia. (CEC 2091)

O desespero não nos ajuda em nada; pelo contrário, uma pessoa desesperada pode cometer tremendos erros. É lógico que minha confiança em Deus não me neutraliza – é uma confiança que me lança, que me impulsiona a sair das situações que tentam me amarrar. Eu posso ficar preocupado por um momento, posso sentir medo, vontade de desistir ou cometer alguma loucura. Porém, quem disse que os sentimentos e emoções devem direcionar minha vida? Somos os únicos "animais" racionais. Devemos agir como tais. Diante de qualquer situação, parar, refletir, rezar e, depois, com a cabeça fria, tomar a decisão. Nunca agir pelo impulso. Deus sempre tem o melhor para nós, basta encontrar esse caminho.

Tomar consciência da presença de Deus em nossa vida é a chave para viver nossa caminhada de fé. A maioria de nós já recebeu o Batismo, a Primeira Eucaristia, o Crisma e, mesmo assim, corremos o risco de viver como se nada tivesse acontecido. Muitos vivem pior do que aqueles que nada receberam. Por que será que existem tantos cristãos "light", pessoas que se dizem religiosas mas não vivem sua fé, que desistem em meio a qualquer tribulação que acontece?

Essas pessoas procuram outras coisas, outros meios para preencher o vazio do coração. Tornam-se inconstantes, mudando o tempo todo conforme as situações que vão enfrentado. O problema é que essas variações levam a um comportamento mutável e variado, que desemboca em pecados e situações deploráveis. Tudo isso leva à percepção de falta de sentido e à morte – não uma morte no sentido próprio da palavra, mas uma falta de vida, de alegria, de realização: viver esperando algo acontecer para alcançar a felicidade, aguardando uma coisa "extraordinária" acontecer para aí sim ser feliz.

Sabemos que a felicidade não surge assim. É no hoje da nossa vida que precisamos colocar sentido; é agora, na realidade que vivo, com a idade que tenho, com meus compromissos, família, missão, é com tudo isso e muito mais que somos chamados a viver uma vida que valha a pena, que tenha sentido, que possamos verdadeiramente viver e não apenas sobreviver. Mas isso só é possível para quem tomar uma atitude de homem novo, que pode e deve começar agora. É possível voltar, é possível retomar, é possível recomeçar. Basta querer, dar o passo, reconhecer e tomar a decisão de deixar de lado aquilo que atrapalha você e desejar um tempo novo, tempo de experiência verdadeira de Deus.

Deus não *impõe* nada. Pelo contrário, Ele *propõe* um caminho e nos dá os meios para gozar a vida e a felicidade, a bênção e a glória:

> Vê que eu hoje te proponho a vida e a felicidade, a morte e a desgraça. Se obedeceres aos preceitos do Senhor teu Deus, que hoje te prescrevo, amando ao Senhor teu Deus, seguindo seus caminhos e guardando seus mandamentos, suas leis e seus decretos, viverás e te multiplicarás, e o Senhor teu Deus te abençoará na terra em que vais entrar para possuí-la. Se, porém, o teu coração se desviar e não quiseres escutar, se te deixares arrastar para adorar e prestar culto a outros deuses, eu vos declaro hoje que certamente perecereis. Não vivereis muito tempo sobre a terra onde ides entrar, depois de atravessar o rio Jordão, para ocupá-la. (Dt 30,15-18)

Se optamos pelo bem, por Deus, é certo que não perderemos nada, porque Deus preenche todo o nosso vazio e nos coloca no rumo certo. Mas, na liberdade, é possível optar por outros caminhos que trazem morte, tristeza e uma vida sem rumo. Como temos dificuldade de lidar com essa palavra: "liberdade"! Com ela podemos fazer coisas boas e construir uma caminhada segura, ou podemos tomar um rumo bem diferente. O problema é que os outros caminhos trazem consequências muitas vezes gravíssimas.

Por exemplo, pense numa pessoa que, depois de fumar a vida toda, constata que tem câncer e, mais tarde, morre. De quem é a culpa? De Deus? Alguns até diriam: "Foi vontade de Deus. É assim mesmo. Cada um tem um tempo na terra, estava na hora, descansou...". Será que é isso mesmo?

Será que a morte daquele jovem que bebeu, dirigiu em alta velocidade e sofreu um acidente de trânsito fatal foi vontade de Deus? E aquela pessoa que era tão boa, rezava, participava da Santa Missa, ajudava as pessoas, fazia caminhada e, mesmo assim, ficou doente e morreu: isso teria sido vontade de Deus?

Usamos muitas vezes a expressão "Foi vontade de Deus" como um consolo, mas sequer imaginamos que, ao dizer isso, é como se afirmássemos: "Deus é ruim, Deus é castigador, Deus mandou essa doença porque eu merecia ou porque sou muito pecador etc. Portanto, Deus não ajuda, só atrapalha. Assim, melhor é eu ficar longe Dele, não cultivar um relacionamento de filho para com o Pai. Melhor é não rezar tanto e cultivar uma espiritualidade 'morna', que não me comprometa".

Qual imagem você tem de Deus Pai? Talvez ainda carregue aquela raiva de Deus porque Ele levou seu filho, ou seu pai ou mãe. Talvez ainda não aceite a doença e culpe a Deus, chegando a dizer: "Por que eu? O que te fiz para me mandar essa doença? Por que é tão maldoso comigo?". Ou talvez você seja daquelas pessoas que dizem: "Se Deus existisse, não haveria tanta fome e desgraça nesse mundo, tantas doenças e roubos".

Assim muitos pensam e vivem dentro e fora da Igreja, como se Deus fosse culpado de todos os erros que existem na face da terra. Mas o Papa Francisco nos mostra quem é Deus e qual é o seu rosto:

> Jesus Cristo é o rosto da misericórdia do Pai. O mistério da fé cristã parece encontrar nestas palavras a sua síntese. Tal misericórdia tornou-se viva, visível e atingiu o seu clímax em Jesus de Nazaré. O Pai, "rico em misericórdia" (Ef 2, 4), depois de ter revelado o seu nome a Moisés como "Deus misericordioso e clemente, vagaroso na ira, cheio de bondade e fidelidade" (Ex 34, 6), não cessou de dar a conhecer, de vários modos e em muitos momentos da história, a sua natureza divina. Na "plenitude do tempo" (Gl 4, 4), quando tudo estava pronto segundo o seu plano de salvação, mandou o seu Filho, nascido da Virgem Maria, para nos revelar, de modo definitivo, o seu amor. Quem O vê, vê o Pai (cf. Jo 14, 9). Com a sua palavra, os seus gestos e toda a sua pessoa, Jesus de Nazaré revela a misericórdia de Deus.
>
> Precisamos sempre contemplar o mistério da misericórdia. É fonte de alegria, serenidade e paz. É condição da nossa salvação. Misericórdia: é a palavra que revela o mistério da Santíssima Trindade. Misericórdia: é o ato último e supremo pelo qual Deus vem ao nosso encontro. Misericórdia: é a lei fundamental que mora no coração de cada pessoa, quando vê com olhos sinceros o irmão que encontra no caminho da vida. Misericórdia: é o caminho que une Deus e o homem, porque nos abre o coração à esperança de sermos amados para sempre, apesar da limitação do nosso pecado. *(Misericordiae Vultus* 1-2)

Deus é amor, misericórdia, perdão, compaixão, bondade... O que Ele deseja é o bem para o ser humano, e que todos tenham vida, saúde, emprego, paz, amor – e não todas as atrocidades que vemos como fruto do mal uso da liberdade humana. É importante ressaltar que Deus não é mau, castigador, juiz, que manda doenças, catástrofes e tantas outras situações de dor e morte. Porém, muitos de nossos problemas e doenças estão relacionados ao mau uso de nossa liberdade, ou são consequências da nossa limitação humana, pois nós não fomos feitos para este mundo, mas para a eternidade, onde nos encontraremos com o Deus Uno e Trino.

Assumir a graça de Deus

Sabemos que nossa vida é dom de Deus e que tudo está em suas mãos, mas precisamos fazer nossa parte, senão engrossaremos o coro dos que reclamam e murmuram com relação à própria saúde, situação financeira, família e tantas outras realidades do dia a dia. Se cuidarmos de nossa saúde física, psíquica e espiritual, é certo que viveremos com mais alegria e sentido na vida.

Mas, mesmo com tudo isso, podemos morrer ainda criança, jovem, adulto ou ancião. É um mistério que não compreendemos em muitas situações. É difícil aceitar e entender por que uma criança veio a falecer com um, dois ou três anos de idade. Que explicação daríamos para uma mãe que perde o filho de dezoito anos de idade jogando bola? Um menino feliz, realizado e brincalhão, mas cujo curso da vida parou ali naquele campo de futebol.

Por que o câncer apareceu na vida daquele rapaz, ou daquela moça? Por que a doença acometeu aquele senhor e aquela senhora, se ambos eram pessoas tão boas, tão de Deus, se não tinham maldade alguma no coração? De uma hora para outra, tudo mudou nas suas vidas, nas suas famílias. O que fazer? Que respostas dar a esses filhos e filhas? Muitas vezes, simplesmente não temos respostas.

Minha maneira de responder, em situações como essas, é chorar junto com uma mãe, com um pai ou uma família que passa pelo sofrimento da dor, da doença, da perda de alguém querido. É difícil para nós, padres, fazer exéquias de jovens ou crianças, pois nascemos para a vida e, quando ela é interrompida ainda muito cedo, fica sempre uma lacuna a ser preenchida.

Alguns dizem: "Se vamos todos morrer um dia, então por que cuidar da saúde ou não curtir a vida? Vamos aproveitar bem o dia de hoje, porque o amanhã só a Deus pertence – e, mesmo que não fume, não beba e não viva na mundanidade, é certo que vamos todos morrer um dia". Quantos têm esse discurso! Quantas pessoas, por preguiça de lutar para vencer um vício ou assumir a radicalidade do Evangelho, vivem nessa "mornidão" espiritual, sintoma de uma falta de fervor, de entusiasmo por Deus e por uma vida digna!

É certo que todos morreremos:

> A morte é o termo da vida terrestre. Nossas vidas são medidas pelo tempo, ao longo do qual passamos por mudanças, envelhecemos e, como acontece com todos os seres vivos da terra, a morte aparece como o fim normal da vida. Este aspecto da morte marca nossas vidas com um caráter de urgência: a lembrança de nossa mortalidade serve também para recordar-nos de que temos um tempo limitado para realizar nossa vida. (CEC 1007)

O Catecismo explica que temos um tempo para realizar nossa vida; portanto, ele está falando de vida e não de morte. Não sabemos quando o Senhor vai nos chamar; o que precisamos é viver bem o tempo presente, é desfrutar das bênçãos e graças do céu, viver a liberdade com responsabilidade e ter a certeza de que não estamos sós. Ele está conosco, o Senhor é nosso sustento em todos os momentos de nossa história. Assim, vivemos e não apenas carregamos as dificuldades que precisamos enfrentar.

Devemos fazer aquilo que nos cabe, mas tendo em mente que vivemos no mundo, respiramos o ar, tomamos água e comemos os alimentos que, em muitos casos, estão com grande quantidade de agrotóxicos. Não existe uma "superproteção" sobre nós por sermos cristãos. Pelo contrário, somos chamados a testemunhar Jesus em nosso dia a dia, para que outros percebam que, em meio a tudo isso, somos mais que vencedores em Cristo Jesus, Nosso Senhor.

A vida de oração, a fraternidade, o exercício físico, o cuidado com a alimentação são meios que nos ajudam a viver melhor e com mais saúde, pois somos templo do Espírito Santo. Deus habita em nós, em nossa vida, corpo, alma e espírito. Portanto, o cuidado precisa acontecer com a pessoa por inteiro, e não somente com uma parte.

Assumir a graça de Deus é o segredo. Não posso ficar esperando, pedindo oração, mendigando amor. Deus bate à porta do nosso coração o tempo todo: "Eis que estou à porta e bato; se alguém ouvir minha voz e abrir a porta, eu entrarei na sua casa e tomaremos a refeição, eu com ele e ele comigo" (Ap. 3,20)

Deus insiste com o ser humano; dia após dia está tentando nos conquistar. Ele não nos violenta. Pede licença, bate, sussurra, convida. É preciso abrir a porta e sair da frente. Não basta abrir, é preciso dar licença e conceder o lugar principal para Jesus. Sair do centro é um desafio, mas é necessário para que a festa comece a acontecer e a graça se manifeste. Todos os dias o Senhor diz: "Filho, filha, abre o seu coração, estou batendo mais uma vez, deixa hoje eu entrar, deixa eu reinar na sua vida, deixa eu direcionar sua caminhada, deixa eu ser o Senhor e conduzir sua vida".

Assumir é tomar posicionamento, é ter a certeza de que o Senhor mora no nosso coração e nos conduz por um caminho seguro. Mesmo diante de tudo o que vivemos, é necessário dar espaço para Deus agir, para experimentar sua misericórdia e ressuscitar para uma vida que vale a pena ser vivida.

As situações com as quais nos deparamos, as "desgraças", as "catástrofes" e as doenças são, na maioria das vezes, realidades experimentadas pelo mau uso de nossa liberdade. Poluímos o ar e não queremos ter problemas respiratórios; desmatamos e não plantamos, e não queremos que falte água, muito menos que haja outras manifestações da natureza, como os terremotos. Percebemos, assim, que desde a desobediência de nossos primeiros pais, Adão e Eva, o homem sofre para encontrar seu sustento e o sentido para sua vida – e, quanto mais se revolta com Deus, pior a situação vai ficando.

Deus continua o mesmo, sempre de braços abertos para acolher seus filhos. Mas é preciso querer fazer esse caminho de volta. Depende de cada um de nós aceitar, retomar e recomeçar.

Deus criou o homem dotado de razão e lhe conferiu dignidade de uma pessoa agraciada com a iniciativa e o domínio de seus atos. "Deus deixou o homem nas mãos de sua própria decisão" (Eclo 15,14), para que pudesse ele mesmo procurar seu Criador e, aderindo livremente a Ele, chegar à plena e feliz perfeição. O homem é dotado de razão e por isso é semelhante a Deus: foi criado livre e senhor de seus atos.

A liberdade é o poder, baseado na razão e na vontade, de agir ou não agir, de fazer isto ou aquilo, portanto, de praticar atos deliberados. Pelo livre-arbítrio, cada qual dispõe sobre si mesmo. A liberdade é, no homem, uma força de crescimento e amadurecimento na verdade e na bondade. A liberdade alcança sua perfeição quando está ordenada para Deus, nossa bem-aventurança.

Enquanto não se tiver fixado definitivamente em seu bem último, que é Deus, a liberdade comporta a possibilidade de escolher entre o bem e o mal, portanto, de crescer em perfeição ou de definhar e pecar. Ela caracteriza os atos propriamente humanos. Torna-se fonte de louvor ou repreensão, de mérito ou demérito.

(CEC 1730, 1731, 1732)

Pertença de Deus para sempre

A encarnação do Filho dignificou a humanidade e sua morte e ressurreição deu-nos uma nova oportunidade de viver. Estávamos perdidos por causa do pecado e não teríamos mais chance de voltar à amizade com Deus. Mas Ele, que é rico em misericórdia, envia seu Filho ao mundo para nos resgatar das garras do inimigo e fazer com que pudéssemos viver na liberdade de filhos de Deus e não mais como escravos.

Em Cristo, Deus se manifesta para buscar e salvar o que estava perdido (cf. Lc 19,10). A missão de Deus se dá plenamente no envio de seu Filho ao mundo, para que a mensagem divina chegasse a toda situação de não-salvação. Em Cristo, o homem ganha uma nova chance de voltar para Deus, ou melhor, de reatar sua amizade perdida pelo pecado.

Deus criou tudo por amor na força da sua Palavra e do seu *Ruah*. Para o Antigo Testamento, a *ruah* se entende como o hálito de Deus que confere a vida ao ser humano. Foi traduzida literalmente para o grego (*pneuma*) e para o latim (*spiritus*) mantendo a conotação vento/sopro/respiração/hálito. (Cf. Raniero Cantalamessa, *O Canto do Espírito*, São Paulo, 1998, p. 16)

Ele se revela através de sua ação no mundo e através de suas obras: céu, terra, mar, estrelas, luz, firmamento, árvores frutíferas, seres vivos... e a mais bela de todas as criaturas, o ser humano.

No trecho em que Deus diz: "Façamos", os Padres da Igreja viam já sugerido o mistério da Trindade (Cf. *Bíblia de Jerusalém*, p. 34).

> Façamos o homem à nossa imagem, como nossa semelhança, e que ele domine sobre os peixes do mar, as aves do céu, os animais domésticos, todas as feras e todos os répteis que rastejam sobre a terra. (Gn 1,26)

A imagem de Deus parece indicar um ser capaz de dialogar com Deus, isto é, de entrar em relação "pessoal" com Ele, relação que supõe escutar um chamado e responder a ele por meio de um livre compromisso (Cf. *Dicionário Teológico Enciclopédico*, São Paulo, 2003, p. 378). Portanto, o homem é o coroamento da criação de Deus, é o único ser chamado ao diálogo com Ele e capaz de ser cooperador na obra da Criação.

Os Padres da Igreja distinguem entre a *Theologia* e a *Oikonomia*, designando com o primeiro termo o mistério da vida íntima do Deus-Trindade, e com o segundo todas as obras de Deus através das quais Ele se revela e comunica sua vida. É através da *Oikonomia* que nos é revelada a *Theologia* – que, por sua vez, ilumina a *Oikonomia*. As obras de Deus revelam quem Ele é em si mesmo; e, inversamente, o mistério do seu Ser íntimo ilumina a compreensão de todas as suas obras (CEC n. 236).

A referência que se faz ao Pai como princípio (*arché,* = *origem)* revela-O como o princípio pelo qual tudo vem a ser:

> O Pai não tem princípio, não foi feito *(factus)*, criado *(creatus)* ou gerado *(genitus)* por ninguém. Tudo o que tem, o tem de si mesmo. O Pai é o princípio que gera o Filho, é a fonte e origem ou princípio de toda a divindade. (Cf. Ds, p. 1248)

Mas isso não quer dizer que a criação é obra somente Dele, mas de Deus Uno e Trino, da Trindade em si mesma, da comunhão plena do Pai e do Filho no Espírito Santo. Essa relação de comunhão também se estende para o mundo criado, onde o Pai cria através do Filho no Espírito Santo. Poderíamos afirmar que é no transbordamento do amor paternal que o Filho é gerado, e é dele que o Espírito Santo procede. Os três agem juntos no plano da criação. Há uma belíssima comunhão nas pessoas da Trindade no ato da criação. Assim, a criação existe a partir de Deus, através de Deus e em Deus mesmo.

Ao homem foi entregue toda a criação para que ele a dominasse, cuidasse e se servisse das obras do Criador. "Tudo quanto existe sobre a terra deve ser ordenado em função do homem, como seu centro e seu termo" (GS 12. Cf. Gn 2,15). A criação é lugar por excelência da revelação de Deus ao homem, é sinal da pura gratuidade e comunicação da sua plenitude à criatura humana.

> Um único Deus, dotado de poderes ilimitados, é o princípio exclusivo do qual procede o mundo, não por emanação, nem através de lutas com elementos primordiais, mas apenas pela palavra e em virtude de seu enorme desígnio de se auto comunicar. O amor, não o poder, se revela assim como a genuína trama do real. A realidade procede de uma vontade de doação gratuita, não de uma vontade de posse ou domínio, nem de um princípio anônimo e sem rosto. (Juan Luis De La Peña, *Teologia da Criação*, São Paulo, 1989, p. 37-38).

É Deus quem toma a iniciativa, revelando sua vontade salvífica. E, mesmo que a humanidade não corresponda ao seu amor paternal, Ele não desiste e oferece meios para que o homem retorne à relação de amizade proporcionada no paraíso.

O Eterno Pai, pelo libérrimo e insondável desígnio da Sua sabedoria e bondade, criou o universo, decidiu elevar os homens à participação da vida divina e não os abandonou, uma vez caídos em Adão, antes, em atenção a Cristo Redentor "que é a imagem de Deus invisível, primogênito de toda a criação" (Col 1,15), sempre lhes concedeu os auxílios para se salvarem. Aos eleitos, o Pai, antes de todos os séculos os "discerniu e predestinou para reproduzirem a imagem de Seu Filho, a fim de que Ele seja o primogênito de uma multidão de irmãos" (Cf. Rm. 8,29, LG 2).

Deus intervém na história de um povo e vai se revelando aos poucos, num processo didático e gradativo. Na revelação, Deus entra em diálogo com o ser humano tendo em vista sua salvação.

A salvação está relacionada à divinização, que teve sua origem na patrística grega, a qual localiza a chave da salvação do homem em sua participação no ser de Cristo e, por meio dele, no mistério da comunhão trinitária, enfatizando a participação da natureza humana na vida divina, mediante o poder do Espírito Santo.

"O Verbo divino, ao assumir a natureza humana, une-se com ela, a diviniza e assim traz salvação à humanidade" (Mario de França Miranda, *A Salvação de Jesus Cristo*, São Paulo, 2009, p. 23).

Ele sempre toma a iniciativa, vai ao encontro do homem e o interpela a uma resposta de fé, sem obrigá-lo, pois o mesmo Deus que o criou livre não impõe nada, mas propõe um caminho de liberdade e libertação que o homem pode trilhar ou não. A revelação vai se construindo a partir da interpelação de Deus e da resposta de fé do homem.

O homem, por sua parte, nem sempre soube corresponder a essa gratuidade de Deus. Quando o pecado entrou no mundo, rompeu-se essa ligação. Era preciso fazer algo. Novamente, Deus toma a iniciativa, escolhendo e enviando homens como Abraão, Moisés, Josué, Davi, Isaías, os Reis, os Profetas, entre outros. "E assim, preparou, ao longo dos séculos, o caminho para o Evangelho" (DV 3; cf. CEC n. 702).

Mas nem sempre esse amor é correspondido:

> Iahweh, Deus de seus pais, enviou-lhes sem cessar mensageiros, pois queria poupar seu povo e sua Habitação. Mas eles zombavam dos enviados de Deus, desprezavam suas palavras, caçoavam dos profetas. (2Cr 36,15-16a)
>
> Os atributos de ternura constante (*emet*), amor responsável (*hesed*) e compaixão visceral (*rahamim*) configuram a paternidade de Javé para com a humanidade (em geral) e o povo de Israel (em particular). Esta paternidade envolve, de modo particular, o Messias prometido, a quem Deus declara: "Tu és meu Filho, eu hoje te gerei" (Sl 2,7). Deus é aquele que se faz presente perante seu povo, amando-o com bondade e ternura, paciência e compreensão, prontidão para perdoar; enfim, com ternura de Pai. (Marcial Maçaneiro, *Deus Pai e seu amor salvífico em alguns documentos de Paulo VI* e João Paulo II, Roma, 2001, p. 24-25).

Depois de ter falado, muitas vezes e de modos diversos, falou-nos pelos Profetas, e por meio de seu Filho (cf. Hb 1,2) Jesus Cristo, Verbo feito carne, enviado como homem aos homens, para proferir as palavras de Deus (cf. Jo 3, 34) e consumir a obra salvífica que o Pai lhe confiou (cf. Jo 5,36; 17,4). A economia cristã, portanto, como aliança nova e definitiva, jamais passará. E não devemos esperar nenhuma nova revelação pública antes da gloriosa manifestação do Senhor Jesus Cristo (cf. 1Tm 6,14; Tt 2,13, DV 4).

Este projeto salvífico de Deus foi, progressivamente, sendo revelado através de uma série de intervenções divinas – eventos, ações e palavras – de forma objetiva e pública, registradas e testemunhadas. Tudo isso pode ser constatado na Bíblia, desde o Gênesis até o Apocalipse. Tais fatos mudaram por completo a história da relação entre Deus e a humanidade, cujo centro e ápice se dá no mistério de Jesus Cristo, onde tudo se torna definitivo, revelado, novo.

Jesus trouxe vida em abundância para a humanidade. O Pai chega ao extremo de seu amor paternal enviando seu próprio Filho para nos resgatar e nos elevar a Ele (cf. Jo 3, 16-17). A iniciativa sempre partiu de Deus; Ele não desiste de amar seus filhos criados à sua imagem:

> Deus, que é rico em misericórdia, pelo grande amor com que nos amou, quando estávamos mortos em nossos delitos, nos vivificou juntamente com Cristo... e com Ele nos ressuscitou e nos fez assentar nos céus, em Cristo Jesus. (Ef 2, 4-6)
>
> Veio, pois, o Filho, enviado pelo Pai, que nos elegeu antes de criar o mundo, e nos predestinou para sermos seus filhos de adoção, porque lhe aprouve reunir Nele todas as coisas (cf. Ef. 1, 4-5. 10). Por isso, Cristo, a fim de cumprir a vontade do Pai, deu começo na terra ao Reino dos Céus e revelou-nos o seu mistério, realizando, com a própria obediência, a redenção [...] Todos os homens são chamados a esta união com Cristo, luz do mundo, do qual vimos, por quem vivemos, e para o qual caminhamos. (LG 3)

Porém, o Pai e o Filho não estão sozinhos. O Espírito Santo tem um papel importantíssimo na obra da criação; Ele é a testemunha do amor recíproco de onde deriva a criação.

> O "Espírito de Deus", que segundo a descrição bíblica da criação, "adejava sobre as águas", indica o mesmo "Espírito que perscruta as profundezas de Deus": perscruta as profundezas do Pai e do Verbo-Filho no mistério da criação. Não é somente a testemunha direta do seu recíproco amor, do qual deriva a criação, mas Ele próprio é esse Amor. Ele mesmo, como Amor, é o eterno Dom incriado. Nele está a fonte e o início de toda a boa dádiva para as criaturas. O testemunho do princípio, que encontramos em toda a Revelação, começando pelo Livro do Gênesis, é unânime quanto a este ponto. Criar quer dizer chamar do nada à existência; portanto, criar quer dizer doar a existência. E se o mundo visível foi criado para o homem, é ao homem, portanto, que o mundo é doado. E, simultaneamente, o mesmo homem recebe na sua própria humanidade, como dom, uma especial "imagem e semelhança" de Deus. Isto significa estar dotado não só de racionalidade e liberdade, como propriedade constitutiva da natureza humana, mas também de capacidade, desde o princípio, para uma relação pessoal com Deus, como "eu" e "tu" e, por conseguinte, capacidade de aliança, que se verificará com a comunicação salvífica de Deus ao homem. (DeV 34)

O mistério da trindade se completa na terra no envio do Espírito Santo em Pentecostes, para que a humanidade fosse santificada e renovada:

> Consumada a obra que o Pai confiou ao Filho para Ele cumprir na terra (cf. Jo 17,4), foi enviado o Espírito Santo no dia de Pentecostes, para que santificasse continuamente a Igreja e deste

> modo os fiéis tivessem acesso ao Pai, por Cristo, num só Espírito (cf. Ef 2,18). Ele é o Espírito de vida, ou a fonte de água que jorra para a vida eterna (cf. Jo 4,14; 7,38-39); por quem o Pai vivifica os homens mortos pelo pecado, até que ressuscite em Cristo os seus corpos mortais (cf. Rm 8,10-11). O Espírito habita na Igreja e nos corações dos fiéis, como num templo (cf. 1Cor. 3,16; 6,19), e dentro deles ora e dá testemunho da adoção de filhos (cf. Gl. 4,6; Rm 8,15-16.26). A Igreja, que Ele conduz à verdade total (cf. Jo 16,13) e unifica na comunhão e no ministério, enriquece-a Ele e guia-a com diversos dons hierárquicos e carismáticos e adorna-a com os seus frutos (cf. Ef 4,11-12; 1Cor. 12,4; Gl. 5,22). Pela força do Evangelho rejuvenesce a Igreja e renova-a continuamente e leva-a à união perfeita com o seu Esposo. Porque o Espírito e a Esposa dizem ao Senhor Jesus: "Vem!" (cf. Ap 22,17). (LG 4)

Deus é amor e se revela na história. A Trindade imanente (Deus em si mesmo) se dá a conhecer na Trindade econômica (Deus que se auto revelou na história da humanidade). Pai, Filho e Espírito Santo sendo um em sua natureza que vive esta união, comunhão ou *perikórese*, expressão grega que, literalmente, significa uma Pessoa conter as outras duas (em sentido estático) ou então cada uma das Pessoas interpenetrar as outras (sentido ativo). Os padres latinos e a Escolástica falavam de uma "*circumincessio*, termo usado para falar da comunhão inseparável, recíproca, contínua e perfeita entre as três pessoas da Santíssima Trindade. Portanto, *Perikórese* exprime a união das três pessoas na única essência. Elas são um só Deus, porque cada uma está nas outras duas e cada uma se dá às outras duas (Cf. Jean-Yves Lacoste, *Dicionário Crítico de Teologia*, São Paulo, 2004, p. 388).

Este é o grande mistério que somos chamados a acolher e abraçar na nossa vida e no nosso coração, assumindo quem somos no coração de Deus.

Deus se humaniza para que o homem se divinize. Assim, a encarnação exprime, por excelência, esta mútua simpatia de Deus para com o homem e do homem para com Ele. Pela encarnação, não é somente Deus que vai ao encontro do homem; o homem também vai e sempre esteve em busca de Deus. São Basílio de Cesareia afirma que a graça faz voltar o homem à sua dignidade de criatura feita à imagem e semelhança de Deus e que o conduz à perfeição. (Cf. Dom Fernando Antônio Figueiredo, *Curso de Teologia Patrística III – A vida da Igreja Primitiva*, Petrópolis, 1990, p. 56).

> Se Ele quis chamar eternamente o homem para ser "participante da natureza divina" (2Pd 1,4), pode dizer-se que predispôs a "divinização" do homem em função das suas condições históricas, de modo que, mesmo depois do pecado, está disposto a "resgatar" por elevado preço o desígnio eterno do seu amor, mediante a "humanização" do Filho, que lhe é consubstancial. Tudo o que foi criado e, mais diretamente, o homem não pode deixar de ficar estupefato diante deste dom, de que se tornou participante no Espírito Santo: "Com efeito, Deus amou tanto o mundo que lhe deu o seu Filho unigênito (Jo 3,16)". (RM 51)

Temos a oportunidade de tocar na graça de Deus por vários meios, mas principalmente através dos sacramentos que recebemos.

Batismo: fonte de benção em nós

> Aconteceu, naqueles dias, que Jesus veio de Nazaré da Galileia e foi batizado por João no rio Jordão. E, logo ao subir da água, ele viu os céus se rasgando e o Espírito, como pomba, descer até ele, e uma voz veio dos céus: "Tu és o meu Filho amado, em ti me comprazo". (Mc 1,9-11.

Jesus recebe o Espírito e se faz um com cada ser humano manchado pelo pecado. Ele, que não tinha pecado, fez questão de ser batizado para nos indicar o caminho da salvação e o meio de santificação. A este respeito, o Papa Bento XVI questiona: por que Jesus, mesmo não tendo cometido pecado algum, se submeteu ao batismo de penitência e conversão? E responde que, neste gesto, Jesus antecipa a Cruz e começa o seu trabalho tomando lugar dos pecadores, carregando nos seus ombros o peso da culpa de toda a humanidade, cumprindo a vontade do Pai. Com o batismo e a oração,

> Jesus, sem pecado, faz visível a sua solidariedade com aqueles que reconhecem os seus próprios pecados, escolhem se arrepender e mudar de vida; dá a entender que ser parte do povo de Deus significa entrar numa ótica de novidade de vida, de vida segundo Deus. (Bento XVI. *Audiência geral na sala Paulo VI no dia 30 de Novembro de 2011.* www.vatican.va. Acesso em 25.05.2012).

Nosso Senhor submeteu-se voluntariamente ao Batismo de São João, destinado aos pecadores, "para cumprir toda a justiça" (Cf Mt 3,15). Este gesto de Jesus é uma manifestação de seu "aniquilamento". O Espírito que pairava sobre as águas da primeira

> criação desce então sobre Cristo, preludiando a nova criação, e o Pai manifesta Jesus como seu "filho amado". (CEC n. 1224)

Cristo é a ponte entre o céu e a terra. O homem, não podendo salvar-se sozinho, depende do Outro, de Jesus – homem pleno e verdadeiro, igual a nós em tudo, exceto no pecado (cf. Hb 4,15). Ele tornou-se sinal da pessoa de Deus no mundo e, assim, revela o Pai na Palavra e nas obras e sinais (milagres). Em Jesus, a situação humana tornou-se lugar da presença de Deus. O santo passa e realiza-se no profano – em toda parte onde haja situações humanas. Portanto, em Jesus, Deus qualifica a situação ou condição humana de maneira radicalmente nova – o homem tem um sentido de existir, de amar, de esperança e de serviço.

Os sacramentos vem ao encontro do homem, das realidades existenciais do ser humano, realidades que buscam o Transcendente, seja a partir de um momento de alegria ou de sofrimento. Tornam-se obra da graça para o homem crente, significam dom divino de salvação, concretizado na história.

O sacramento é uma palavra encarnada que desafia o homem à decisão pessoal. Não existe sacramento sem Cristologia, mas também não existe Cristologia sem Antropologia, uma vez que o Verbo se encarnou e viveu no meio de nós, veio ao nosso encontro para nos salvar, curar e libertar. Nos sacramentos, Deus vem ao encontro do homem, que por sua vez busca dar uma resposta a Deus com sua vida, testemunho e disposição em servir. No entanto, os sacramentos não são a salvação em si; eles devem ser vistos em sua transcendência dupla: para Cristo e para os homens.

Jesus é o dispensador dos sacramentos. Ele é o Cristo – sacramento vivo de Deus. Neste sentido, todo o sacramento é um ato pessoal do encontro com Cristo. Ele é a palavra que nos chama e o amor que nos une. Receber os sacramentos significa entrar na história inaugurada por Cristo, pois os sacramentos da Igreja são encontros do homem sobre a terra com o homem glorificado, Jesus, mediante uma forma visível.

A ordem da redenção se insere na ordem da criação. A graça de Deus se manifesta ao homem e ele se compromete, na sua liberdade, à decisão da acolhida da graça, pois a vocação essencial do ser humano consiste em tonar-se uma pessoa sacramental capaz de experimentar e experienciar Deus.

Deus nos convida a participar da sua divindade, mas o faz sem impor nem forçar ninguém. É necessária uma resposta ativa e consciente do homem. No batismo de criança, a fé dos pais e dos padrinhos é considerada como válida e necessária para que aconteça o sacramento. São eles que se comprometem a evangelizar na fé aquele novo membro da Igreja que, à medida que cresce, vai tomando consciência de sua pertença a Deus e à comunidade dos crentes, podendo dizer sim ou não a toda demonstração de amor que Deus derramou e derrama sobre ele.

O batismo é o sacramento da fé, sendo que a fé tem necessidade da comunidade dos crentes que se manifesta na Igreja. Trata-se de uma fé de iniciante, que está em desenvolvimento e deve crescer após o batismo, numa contínua busca de vida nova em Cristo (CEC 1253).

O batismo nos mergulha no Espírito do Ressuscitado; é Nele que fomos batizados para a remissão de nossos pecados e para sermos incorporados a Cristo Jesus, Nosso Senhor. Fazemos parte da família de Deus, somos filhos no Filho, a tal ponto que aquele que foi batizado no Espírito de Cristo está unido a Jesus, vive Nele e Dele no decorrer da sua vida terrena. "Já não sou eu que vivo, mas é Cristo que vive em mim" (Gl 2,20). Portanto, o Batismo nos faz membros do Senhor Ressuscitado, membros do seu corpo que é a Igreja, porta de entrada na fé cristã. O sacramento nos compromete com Deus e com os irmãos. Já não podemos ficar parados. O Batismo nos insere numa outra realidade de graça e trabalho, de vivência e profetismo, de renúncia às obras do mal e anúncio do Evangelho da Vida – Jesus Cristo e todo o mistério que o norteia.

O batismo de Jesus atua como um sinal profético para as primeiras comunidades cristãs a partir do Evento Pascal. Nos escritos do Novo Testamento não encontramos dificuldades em caracterizar o Batismo como principal rito de iniciação. Segundo alguns relatos dos Evangelhos, esta era uma prática realizada pelos discípulos de Jesus, enquanto missão que congrega e reúne novos membros, formando novos discípulos a partir da pregação da Boa Nova e do Batismo (cf. Mt 28,19).

Este sacramento não pode ser assumido somente como adesão de fé pessoal, egoísta, mas como início de um caminho a trilhar, que tem como objetivo a participação no Mistério Pascal de Cristo e a inserção na comunidade eclesial.

Ele marca um momento decisivo da missão que Jesus devia realizar pela humanidade. É importante ressaltar que, logo após o batismo, Jesus é conduzido ao deserto para enfrentar as tentações do demônio (cf. Mt 4,1-11; Lc 4,1-13; Mc 1,12-13), para pôr à prova sua divindade, mas o vence pela sua humanidade e pela força de Deus.

> Após o batismo e sua vitória sobre o tentador, Jesus experimenta nele a presença do Espírito ativo para tornar presente o Reino de Deus e, portanto, eliminar o reino do demônio. (Yves Congar, op. cit., p. 37).

Jesus, no batismo, se oferece e se abre para o total desígnio de Deus sobre ele, na disposição de servo que se oferece por inteiro, como vítima sem mancha, ao ponto de dar a própria vida.

> A descida do Espírito sobre Jesus durante o seu batismo é descrita como uma unção: unção profética, unção para uma missão de anúncio, mas também de realização da boa nova de uma libertação do mal e do maligno. (Yves Congar, op. cit., p. 38).

A unção que Jesus recebe é para a missão. O cristão não mais se pertence: a Igreja é a sua casa e os filhos são seus irmãos. A consagração no Batismo é para o ministério, a missão e o testemunho. O mergulho na água faz apelo ao simbolismo da morte e da purificação, mas também da regeneração e da renovação. Os dois efeitos principais são a purificação dos pecados e o novo nascimento no Espírito Santo.

Feito membro da Igreja, o batizado não pertence mais a si mesmo, mas àquele que morreu e ressuscitou. Logo, é chamado a submeter-se aos outros (cf. Ef 5,21) a servi-los (cf. Jo 13,12-15) na comunhão da Igreja, a ser obediente e dócil aos chefes da Igreja (cf. Hb 13,17) e a considerá-los com respeito e afeição.

O batismo nos torna "sacerdotes comuns", capazes de direitos e deveres na Igreja, pessoas consagradas a Deus. Isso nos motiva a levar uma vida nova, que consiste em livrar-se do pecado para viver na liberdade de filhos de Deus.

> Pelo batismo o homem é incorporado à igreja de Cristo e nela constituído pessoa com os deveres e os direitos que são próprios dos cristãos, tendo-se presente a condição deles, enquanto se encontram na comunhão eclesiástica, a não ser que se oponha uma sanção legitimamente infligida. (CIC can. 96).

> Todos os membros se devem conformar com Ele, até que Cristo se forme neles (cf. Gl 4,19). Por isso, somos assumidos nos mistérios da Sua vida, configurados com Ele, com Ele mortos e ressuscitados, até que reinemos com Ele (cf Fl 3,21; 2Tm 2,11; Ef 2,6; Cl 2,12). Ainda peregrinos na terra, seguindo as Suas pegadas na tribulação e na perseguição, associamo-nos nos seus sofrimentos como o corpo à cabeça, sofrendo com Ele, para com Ele sermos glorificados (cf. Rm 8,17). É por Ele que "o corpo inteiro, alimentado e coeso em suas junturas e ligamentos, se desenvolve com o crescimento dado por Deus" (Cl 2,19). Ele mesmo distribui continuamente, no Seu corpo que é a Igreja, os dons dos diversos ministérios, com os quais, graças ao Seu poder, nos prestamos mutuamente serviços em ordem à salvação, de maneira que, professando a verdade na caridade, cresçamos em tudo para Aquele que é a nossa cabeça (cf Ef 4,11-16). (LG 7)

Estar em Cristo é a condição primordial para viver uma vida nova. Tudo é de Cristo, tudo está repleto Dele, ontem, hoje e sempre. Tudo é lido à luz da história do mistério de Cristo: vem de Cristo e conduz a Cristo. Deus, que não se deixa vencer pela recusa humana, está sempre batendo à nossa porta. É necessário abertura e reposta. Somente na acolhida humilde do fiel, a graça se realiza plenamente e frutifica. O sacramento, portanto, exige engajamento e compromisso com Deus e com a comunidade da qual participamos.

Quando falamos do Batismo, estamos meditando e refletindo para lembrar que é o primeiro e o principal sacramento para o perdão dos pecados, de modo que somos inseridos no Cristo morto e ressuscitado, recebendo o Espírito Santo. Não é pouca coisa. É a vida divina dando vida à nossa humanidade. Deus começa a fazer morada em nós de uma forma única e exclusiva. Tornamo-nos pertença de Deus para sempre. A face de Cristo está estampada em nós, divinizando-nos com sua graça. Começa um novo tempo, uma amizade com Deus na força do Espírito Santo.

> É o mais belo e magnífico dos dons de Deus [...] Chamamos-lhe dom, graça, unção, iluminação, veste de incorruptibilidade, banho de regeneração, selo e tudo o que há de mais precioso. Dom, porque é conferido àqueles que não trazem nada: graça, porque é dado mesmo aos culpados: batismo, porque o pecado é sepultado nas águas; unção, porque é sagrado e régio (como aqueles que são ungidos); iluminação, porque é luz irradiante; veste, porque cobre a nossa vergonha; banho, porque lava; selo, porque nos guarda e é sinal do senhorio de Deus (S. Gregório Nazianzeno, Or. 40,3-4). (CEC 1216)

Não temos noção da maravilha que aconteceu em nós no dia em que fomos batizados. Portamos a marca de uma pertença, somos exclusivo de Alguém que nos amou e por nós se entregou. A partir do Batismo, não somos mais os mesmos, somos pertença de Deus para sempre, selados por Ele, filhos amados de Deus. Se tomássemos posse dessa verdade, viveríamos de maneira diferente.

Sim, Deus mora em nós, está dentro de nós para sempre. Quer você queira ou não, o Senhor está em você e com você . Ele é um Deus de amor e misericórdia, um Deus que vai atrás dos seus filhos. Mesmo em meio às suas fraquezas, quedas, desistências, revoltas, desânimo, Deus continua acreditando que é possível. Ele acreditou, acredita e vai acreditar até o fim de sua vida.

Você pode não acreditar, pode até ter desistido, entregado os pontos, mas Ele não. Jesus acredita porque viveu em nosso meio, percebeu o quanto somos falhos, pecadores, inconstantes. Até aqueles que conviveram com Ele negaram-No na hora em que Ele mais precisava. Não tiveram a coragem para testemunhar. Mesmo assim, após sua ressurreição, Jesus volta para recuperar aqueles que O traíram e negaram.

Não pare em você e nos seus problemas. Há um Deus que mora no seu coração que pode te ajudar; basta pedir, confiar e se lançar, pois o Batismo nos tornou "participantes da natureza divina", membros de Cristo e co-herdeiros com Ele, templos do Espírito Santo, "pedras vivas" para "a edificação de um edifício espiritual, para um sacerdócio santo" (1 Pe 2, 5).

Somos "raça eleita, sacerdócio de reis, nação santa, povo que Deus tornou seu", para anunciar os louvores Daquele que os "chamou das trevas à sua luz admirável" (1Pe 2,9). (Cf. CEC 1265, 1268)

Por graça fomos acolhidos e santificados no amor de Deus, que é único e incondicional por cada um de nós. Mas será que estamos abertos à experiência desse amor? Precisamos entender que somos únicos para Deus. Fomos por Deus, no amor, dignificados na Cruz com Cristo Jesus e convocados a viver o amor na força do Espírito Santo. Portanto, temos um lugar reservado no coração de Cristo. Ele nos acolhe, nos ama e nos chama a um tempo novo.

Oração

Senhor, obrigado por tanto amor derramado e demonstrado sobre mim. Te louvo e te agradeço por acreditar, acolher e derramar uma unção de benção sobre a minha vida.

Agora, tenho certeza de que não estou só. O Senhor está comigo, é meu amigo, meu advogado, meu protetor, meu auxiliador. Sou marcado por Ti, pela tua graça, sou templo do Teu Espírito Santo.

O Senhor derramou sobre mim os dons, para que eu reconheça que sua presença é real em minha vida. Dá-me a graça de viver e acolher cada vez mais essa verdade, a graça de me deixar direcionar pelo Espírito Santo.

Eu preciso de Ti, Senhor, preciso da Tua graça, da Tua presença, do Teu poder! Preciso reconhecer que sozinho não consigo, mas que em Ti e Contigo tudo é possível.

Contando com Tua graça, sou chamado a reconhecer que o Senhor esteve presente em toda a minha história, sempre olhou e cuidou de mim, sempre esteve ao meu lado, me tomou pela mão quando não conseguia caminhar, me ajudou a superar as quedas, as perdas, as tribulações.

Agora reconheço que tudo que alcancei não foi somente pelas minhas forças humanas, pelo intelecto ou força de vontade. Foi o Senhor, foi a Tua mão poderosa que me guiou, sustentou e me colocou de pé novamente.

Hoje eu reconheço que o Senhor é presença real em minha vida. Eu porto a marca de Deus, o selo da bênção. Sou batizado, sou filho amado do Pai, filho querido e templo do Espírito Santo. Obrigado por me ajudar a reconhecer que sou único no Teu Coração, que o Senhor me olha não como mais um, mas como filho amado. Tenho um lugar no coração de Deus, tenho um lugar no olhar Dele. Sou filho. Deus me ama.

Obrigado, Senhor. Quero assumir a vida nova e esse tempo novo que começa hoje, agora, neste momento!

Sela este momento, Senhor, com teu Batismo no Espírito Santo. Vem, Espírito Santo, e faz novas todas as coisas. Amém!

Reconstruir a sua história na força e no poder de Deus

O GRANDE ERRO DE MUITOS QUE estão na Igreja e na caminhada de fé é desistir depois de um tropeço. A pessoa cria um ideal de santidade e, muitas vezes, de perfeccionismo, radicalismo (que é diferente de ser *radical*, que deriva de raiz, de algo seguro, que tem base, origem) e não consegue ser fiel, levando muitos a achar que não são capazes de ser santos e fiéis a Deus.

Há pessoas que se julgam que se parecem mais com um anjo que com um ser humano. Acham que, pelo fato de estarem na Igreja e cultivarem uma vida em Deus, podem encarar tudo no nível espiritual; vivem uma vida desconectada da realidade, do mundo, das pessoas.

Não há como negar nossa humanidade. Este é um grande erro: muitas vezes transferimos isso ou culpamos o demônio, como se a culpa fosse sempre dele, em vez de assumir que erramos. Melhor do que dar desculpas é admitir que não conseguimos ser 100% em tudo! Precisamos recomeçar em algum ponto. Mas o que pode acontecer? Ou não admitimos que erramos, ou caímos no extremo de nos acharmos indignos de recomeçar; surgem, então, aquelas palavrinhas básicas: "não sou capaz; não consigo; isso não é pra mim; sou limitado mesmo; essas exigências são para os padres, freiras, pessoas escolhidas por Deus; comigo não tem jeito; melhor viver uma vida 'comum', ser como a maioria, afinal, dá a impressão de que são mais felizes que nós, que lutamos para ser de Deus".

Mas isso não contribui em nada; só nos leva mais ainda para baixo. Quantas pessoas que eram de caminhada e, devido a um erro, desistiram de tudo e hoje estão pior do que antes! A Palavra de Deus nos orienta para a vigilância e o cuidado que devemos ter, senão o mesmo espírito imundo que saiu volta com mais força, se encontra a casa vazia (Cf. Mt 12,43-45). Mas, mesmo que aconteça a queda, não vale a pena ficar olhando para o erro. É preciso aprender e tirar proveito para tentar não errar mais.

O convite do Senhor é sempre à conversão: lutar contra o pecado, ser santo, puro, renovado, cheio do Espírito Santo. Mas recomeçar exige humildade, dedicação, fé, esperança. Há momentos em que temos vontade de jogar tudo para o alto, regredir, voltar atrás. Quantas vezes queremos desistir de nós mesmos, desistir de pessoas? Você talvez até tenha dito: "aquela ou aquele não tem jeito, não tem solução". Mas Deus não desiste de mim, Deus não desiste de você. Ele vai insistir até o último minuto da nossa vida, ou melhor, até o último milésimo de segundo da nossa vida. Porque Deus nos quer para Ele, todo Dele. O que tem reservado para nós é muito maior e melhor, basta querer e abrir o coração para experimentar.

Deus é capaz de tudo por amor a você. Se existe alguém que acredita no ser humano, esse alguém é Deus. Ele é fiel e não nos deixa na mão, mesmo quando agimos com rebeldia com Ele. Deus foi capaz de enviar seu próprio filho por amor a mim e a você. Quem teria essa coragem? Só um Deus como o nosso Deus.

A este respeito, Frei Raniero Cantalamessa faz uma belíssima reflexão sobre Judas e o seu fim:

> O Evangelho descreve o fim horrível de Judas: "Judas, que o havia traído, vendo que Jesus tinha sido condenado, se arrependeu, e devolveu as trinta moedas de prata aos chefes dos sacerdotes e aos anciãos, dizendo: pequei, entregando-vos sangue inocente. Mas eles disseram: O que nos importa? O problema é seu. E ele, jogando as moedas no templo, partiu e foi enforcar-se" (Mt 27, 3-5). Mas não julguemos apressadamente. Jesus nunca abandonou a Judas e ninguém sabe onde ele caiu quando se jogou da árvore com a corda no pescoço: se nas mãos de Satanás ou naquelas de Deus. Quem pode dizer o que aconteceu na sua alma naqueles últimos instantes? "Amigo", foi a última palavra que Jesus lhe disse no horto e ele não podia tê-la esquecido, como não podia ter esquecido o seu olhar.
>
> É verdade que, falando ao Pai dos seus discípulos, Jesus tinha falado de Judas: "Nenhum deles se perdeu, exceto o filho da perdição" (Jo 17, 12), mas aqui, como em tantos outros casos, ele

fala na perspectiva do tempo, não da eternidade. Mesmo a outra palavra terrível referida a Judas: "Seria melhor para esse homem nunca ter nascido" (Mc 14, 21) é explicada pela enormidade do fato, sem a necessidade de se pensar em um erro eterno. O destino eterno da criatura é um segredo inviolável de Deus. A Igreja nos garante que um homem ou uma mulher proclamados santos estão na bem-aventurança eterna; mas de ninguém a Igreja sabe, com certeza, que esteja no inferno.

Dante Alighieri, que, na sua Divina Comédia, coloca Judas nas profundezas do inferno, fala da conversão, no último momento, de Manfred, filho de Federico II e rei da Sicília, que todos na sua época acreditavam que tinha sido condenado por ter sido excomungado. Mortalmente ferido em batalha, ele confia ao poeta que, no último momento da vida, se arrependeu chorando àquele "que voluntariamente perdoa" e que do Purgatório envia para a terra esta mensagem que vale também para nós: "Terríveis foram os meus pecados, mas a bondade infinita com seus grandes braços sempre acolhe aquele que se arrepende".

É a isso que deve levar-nos a história do nosso irmão Judas: a render-nos àquele que voluntariamente perdoa, a jogar-nos também nós, nos grandes braços do crucifixo. A coisa mais importante na história de Judas não é a sua traição, mas a resposta que Jesus dá a ela. Ele sabia bem o que estava amadurecendo no coração do seu discípulo; mas não o expôs, quis dar-lhe a chance até o último momento de voltar atrás, quase o protege. Sabe por que veio, mas não rejeita, no horto das oliveiras, o seu beijo gélido e até o chama de amigo (Mt 26, 50). Da mesma forma que procurou o rosto de Pedro depois de sua negação para dar-lhe o seu perdão, terá procurado também o de Judas em algum momento da sua *via crucis!* Quando da cruz reza: "Pais, perdoa-lhes, porque não sabem o que fazem" (Lc 23 , 34), não exclui certamente deles a Judas.

Então, o que faremos, portanto, nós? Quem seguiremos, Judas ou Pedro? Pedro teve remorso pelo que ele tinha feito, mas também Judas teve remorso, tanto que gritou: "Eu traí sangue inocente!", e devolveu as trinta moedas de prata. Onde está, então, a diferença? Em apenas uma coisa: Pedro teve confiança na misericórdia de Cristo, Judas não! O maior pecado de Judas não foi ter traído Jesus, mas ter duvidado da sua misericórdia.

Se nós o imitamos, quem mais quem menos, na traição, não o imitemos nesta sua falta de confiança no perdão. Existe um sacramento no qual é possível fazer uma experiência segura da misericórdia de Cristo: o sacramento da reconciliação. Como é belo este sacramento! É doce experimentar Jesus como mestre, como Senhor, mas ainda mais doce experimentá-lo como Redentor: como aquele que te tira para fora do abismo, como Pedro do mar, que te toca, como fez com o leproso, e te diz: "Eu quero, seja curado!" (Mt 8, 3).

(Homilia de Frei Raniero Cantalamessa na Celebração da Paixão do Senhor no Vaticano)

Jesus não foi capaz de abandonar Judas, mesmo depois de tudo que ele fez. Será que o seu pecado é maior que o de Judas? Será que temos tantos motivos para desanimar e não querer dar passos na caminhada?

É certo que só seremos realizados e felizes na comunhão e relação com Ele. Não há outro caminho. E aqui não falo de ser "bitolado", viver com o terço na mão o tempo todo ou cabisbaixo para mostrar uma tal "santidade". Não! É assumir uma postura de cristão, de homem de Deus, de filho amado do Pai.

Se tomássemos a consciência do que aconteceu no dia do nosso batismo sacramental, viveríamos de maneira diferente, viveríamos de cabeça erguida. Deus mora em nós, dentro do nosso coração, quer queiramos ou não. Uma vez batizados, seremos sempre marcados e "perseguidos" por Deus, pois Ele é um Deus ciumento e nos quer todo para Ele (Ex 20,5).

> O batismo os incorpora a Cristo, tornando-os membros do povo de Deus; perdoa-lhes todos os pecados e os faz passar, livres do poder das trevas, à condição de filhos adotivos, transformando-os em nova criatura pela água e pelo Espírito Santo; por isso, são chamados filhos de Deus e realmente o são. (*Ritual do batismo de crianças,* Paulus, 2001, p. 13)

O problema é que muitos vão se desfigurando nos erros, pecados, sentimento de culpa, complexo de inferioridade, pessimismo, desânimo etc. Tudo que o inimigo quer tirar de você é aquilo que há de pior; ele quer mostrar que você não vale nada, que os outros são sempre melhores, mais capacitados, bonitos. Quantos filhos, imagem e semelhança de Deus, estão desfigurados, desorientados, sem vida, sem saber que rumo tomar! Mesmo assim, o Senhor quer limpar suas feridas, curar suas machucaduras e colocá-los de pé novamente. Digo "novamente", porque você já deve ter caído outras vezes e, hoje, está com dificuldade de se levantar. Vai exigir esforço, muito esforço e muita graça de Deus, mas é possível. Sempre é possível em Deus.

Sinto que surge uma luz no fim do túnel, que Deus está dando a você coragem e uma nova unção de ânimo, alegria, ressuscitamento. É só abrir o coração e tomar posse da graça. "Se ressuscitastes com Cristo, buscai as coisas do alto" (Cl 3,1).

O Papa Francisco nos ajuda a mergulhar nessa experiência com uma meditação belíssima:

> A mensagem cristã se chama "evangelho", isso é, "boa notícia", um anúncio de alegria para todo o povo; a Igreja não é um refúgio para o povo triste, a Igreja é a casa da alegria! E aqueles que estão tristes encontram nessa a alegria, encontram nessa a verdadeira alegria! Mas aquela do Evangelho não é uma alegria qualquer. Encontra a sua razão no saber-se acolhido e amado por Deus... Deus é aquele que vem para nos salvar, e presta socorro especialmente aos desanimados de coração. A sua vinda em meio a nós nos fortalece, torna sãos, dá coragem, faz exultar e florir o deserto e a estepe, isto é, a nossa vida quando se torna árida. E quando a nossa vida se torna árida? Quando está sem a água da Palavra de Deus e do seu Espírito de amor.
>
> Por mais que sejam grandes os nossos limites e os nossos desânimos, não nos é permitido sermos fracos e vacilantes diante das dificuldades e das nossas próprias fraquezas. Ao contrário, somos convidados a robustecer as mãos, a firmar os joelhos, a ter coragem e não temer, porque o nosso Deus nos mostra sempre a grandeza da sua misericórdia. Ele nos dá a força para seguir adiante. Ele está sempre conosco para nos ajudar a seguir adiante. É um Deus que nos quer tanto bem, nos ama e por isso está conosco, para nos ajudar, para nos robustecer e seguir adiante.
>
> Coragem! Sempre avante! Graças à sua ajuda nós podemos sempre começar de novo. Como? Começar de novo? Alguém pode me dizer: "Não, padre, eu fiz tantas coisas...Sou um grande pecador, uma grande pecadora...Eu não posso recomeçar!". Você está errado! Você pode recomeçar! Por quê? Porque Ele te espera, Ele está próximo a você, Ele te ama, é misericordioso, te perdoa, te dá a força de recomeçar! A todos! Então somos capazes de reabrir

os olhos, de superar tristeza e choro e entoar um canto novo. E esta alegria verdadeira permanece também na prova, também no sofrimento, porque não é uma alegria superficial, mas desce no profundo da pessoa que se confia a Deus e confia Nele.

A alegria cristã, como a esperança, tem o seu fundamento na fidelidade de Deus, na certeza de que Ele mantém sempre as suas promessas. O profeta Isaías exorta aqueles que perderam o caminho e estão no desânimo a terem confiança na fidelidade do Senhor, porque a sua salvação não tardará a irromper nas suas vidas. Quantos encontraram Jesus ao longo do caminho, experimentam no coração uma serenidade e uma alegria da qual nada e ninguém poderá privá-los.

A nossa alegria é Jesus Cristo, o seu amor fiel e inesgotável! Por isso, quando um cristão se torna triste, quer dizer que se afastou de Jesus. Mas então não é preciso deixá-lo sozinho! Devemos rezar por ele e fazê-lo sentir o calor da comunidade. (Cf. Papa Francisco, *Angelus,* Roma, 15 de dezembro de 2013)

Deus não escolhe pessoas perfeitas

Na história bíblica, temos vários relatos de homens e mulheres que receberam um chamado de Deus, mesmo em meio às suas limitações e pecados. Apesar de suas quedas, Deus não deixou de acreditar neles e de incentivá-los, dando-lhes uma nova oportunidade. Falaremos apenas de três: Davi, a pecadora arrependia e Pedro.

Davi, o grande homem de Deus, escolhido, ungido rei, amava a Deus com um amor apaixonado, ao ponto de dançar diante do Senhor (Cf. 2Sm 6,14). Ele venceu grandes batalhas com a força de Deus e compôs uma linda oração de ação de graças, conforme lemos em II Samuel 7, 18-29. Mas esse mesmo homem cai no pecado do adultério, com a esposa de um de seus guerreiros, Urias, o Hitita. Além de cometer o adultério, manda matar Urias para tentar esconder seu erro. Portanto, Davi é um adúltero e assassino.

Aos olhos humanos, ele não teria mais chance, estaria condenado ao fracasso para o resto de sua vida. Seria aquele homem comentado pelas pessoas: "Olha, vou falar só para você, não fale para mais ninguém: você soube o que aconteceu com Davi, o escolhido de Deus? Pois é, pecou feio. Está vendo como não adianta rezar? Homem é tudo igual mesmo, sem vergonha, ordinário, mulherengo... Ele passava uma imagem de santinho, mas olha o que acabou fazendo. De que adianta rezar bonito e dançar para se mostrar diante das pessoas? Eu já sabia que isso aconteceria. Por trás daquela cara de santidade e amor ao seu Deus, havia um homem pecador". Isso e muito mais o povo poderia falar de Davi. Só que um homem de Deus, mesmo em meio às quedas, não olha para o chão, não fica parado nos seus limites. Se fosse assim, Jesus não teria instituído o Sacramento da Reconciliação, dando-nos uma nova chance para recomeçar.

O homem de Deus que luta para acertar, para ser santo, mesmo que caia, reconhece que errou, pede a graça, confessa se for preciso e retoma. Ficar murmurando não vai resolver a situação. Ficar olhando para o pecado não vai ajudar em nada. É preciso tomar uma decisão, admitir que errou e não colocar a culpa nos outros. Davi disse a Natã: "Pequei contra o Senhor" (2Sm 12,13).

Ele reconheceu que errou. Aqui começa a grandeza de Davi, pois para ser grande é preciso ser pequeno. Ninguém chega ao topo começando de cima. A humildade é o primeiro passo para recomeçar. Senão, ficamos parados no passado, mesmo após uma confissão. Não adianta colocar a culpa no demônio, no temperamento, na história de vida, nas pessoas. Tudo isso contribui para as quedas acontecerem, mas em determinadas situações eu preciso tomar uma decisão, que começa com um "errei", "pequei", mas acompanhados de um "quero retomar".

A escolha de Davi não foi perdida pelo pecado. Deus não desistiu dele. É como se lhe dissesse: "Mesmo em meio a tudo isso, eu te amo, meu filho. Eu acredito em você. Vem e segue-me!".

Assim que Davi reconheceu que errou, "Natã respondeu-lhe: 'De sua parte, o Senhor perdoou o teu pecado: não precisas morrer'" (2Sm 12,13). O Ungido do Senhor se apequenou no pecado e se agigantou no pedido de perdão.

Não é fácil reconhecer que errou, não é fácil se colocar diante do sacerdote e dizer: "Pequei, fiz essa tolice... não deveria, mas fiz". Quantos chegam à confissão querendo desistir de tudo, até mesmo de viver... e, após uma boa confissão individual, saem transformados. Às vezes, procuramos tantas coisas, vamos a tantos lugares atrás de uma bênção, cura ou milagre, e nos esquecemos de tomar posse dos valores de nossa Igreja. Não experimentamos nem 5% daquilo que a Igreja nos oferece.

Uma confissão bem feita é cura, libertação e ressurreição. É o único tribunal em que você se acusa e sempre será absolvido. Mas é necessário que a confissão seja bem feita, com uma preparação que leva a pensar na sua vida, família, trabalho, missão, sempre a partir dos dez mandamentos. Aí sim você colherá os frutos. Faça a experiência. Deus tem muito ainda para fazer em você.

> "Vós fostes lavados, fostes santificados, fostes justificados pelo nome do Senhor Jesus Cristo e pelo Espírito do nosso Deus" (1Cor 6, 11). Precisamos tomar consciência da grandeza do dom de Deus que nos foi concedido nos sacramentos da iniciação cristã, para nos apercebermos de até que ponto o pecado é algo de inadmissível para aquele que foi revestido de Cristo. Mas o apóstolo São João diz também: "Se dissermos que não temos pecado, enganamo-nos a nós mesmos, e a verdade não está em nós" (1Jo 1, 8). E o próprio Senhor nos ensinou a rezar: "Perdoai-nos as nossas ofensas" (Lc 11, 4), relacionando o perdão mútuo das nossas ofensas com o perdão que Deus concederá aos nossos pecados.
>
> O coração do homem é pesado e endurecido. É necessário que Deus dê ao homem um coração novo. A conversão é, antes de mais nada, obra da graça de Deus, a qual faz com que os nossos corações se voltem para Ele: "Convertei-nos, Senhor, e seremos convertidos" (Lm 5, 21). Deus é quem nos dá a coragem de começar de novo. É ao descobrir a grandeza do amor de Deus que o nosso coração é abalado pelo horror e pelo peso do pecado, e começa a ter receio de ofender a Deus pelo pecado e de estar

> separado Dele. O coração humano converte-se, ao olhar para Aquele a quem os nossos pecados trespassaram.
>
> Tenhamos os olhos fixos no sangue de Cristo e compreendamos quanto Ele é precioso para o seu Pai, pois que, derramado para nossa salvação, proporcionou ao mundo inteiro a graça do arrependimento. (CEC 1425,1432)

Davi não apenas reconhece que errou. Ele quer vida nova, quer retomar, levantar a cabeça, seguir em frente:

> Cria em mim, ó Deus, um coração puro, renova em mim um espírito resoluto. Não me rejeites da tua presença e não me prives do teu Santo Espírito. Devolve-me a alegria de ser salvo, que me sustente um ânimo generoso. (Sl 51,12-14)

Mesmo depois de um grande erro, ter a coragem de fazer esse pedido para Deus é sinal de que ele não queria ficar se lamuriando e culpando a vida toda.

O gesto de Davi revela o seguinte pedido: "Senhor, eu preciso ser renovado, dai-me um coração puro. Dá-me do teu Santo Espírito para que seja decidido e tenha a coragem de continuar a caminhada. Preciso recuperar a alegria novamente, aquela alegria de dançar para o Senhor".

O erro tentou derrubar Davi e colocá-lo para baixo. Mas ele segue em frente, pede um ânimo novo para continuar. Ele não quer ser mais um, não quer apenas fazer parte, mas fazer a diferença. Pois Davi (assim como você) nasceu para ser grande, para ser o melhor, melhor para Deus, para si mesmo e para os irmãos. Não aceite viver uma vida medíocre. Queira assumir quem você é no coração de Deus e seguir em frente. Acolha o tempo novo de Deus para você, que começa agora.

Davi pede novamente a alegria, pois o pecado nos entristece, nos leva ao desânimo, à frustração de ter ofendido a Deus. Davi não quer ficar preso a essas realidades. Quer reagir, dar um passo, seguir em frente, pois um homem de Deus com cara de cemitério não evangeliza; pelo contrário, passa uma imagem que ser de Deus é ser triste, cabisbaixo, caminhar olhando para baixo, quase tropeçando nos pés. Não é esse o caminho. Levante-se! Ânimo, alegria! Recomece. Deus quer derramar sobre sua história uma unção de graça, para restabelecer sua caminhada. Creia e dê os passos necessários.

Davi rescreve sua história de uma forma diferente. Ele poderia estar no fundo do poço, deprimido, culpando-se pelo erro, murmurando contra si mesmo, contra Deus, contra os irmãos, porque quando erramos e não admitimos o erro, queremos sempre achar culpados. No entanto, uma pessoa que é de Deus, mesmo que por alguma situação tenha errado, pode encontrar meios para ir além.

Para isso, no entanto, é necessário admitir que errou. Há pessoas que vivem culpando o diabo, os irmãos e até Deus que "não me ajuda a vencer tal pecado", mas nunca assume que errou. Davi admitiu: "Errei, pequei, tem piedade de mim, quero retomar com decisão firme, alegria e um ânimo novo".

Precisamos ter a humildade para aprender com os homens de Deus. O pedido aqui não é para que caiamos no pecado com o intuito de experimentar a força do perdão. Não!

Até porque todo pecado deixa consequências na nossa vida. Porém, se você porventura errou, não pare no erro. Isso é obra do demônio. Muitas pessoas, ao cair em algum pecado, se afastam da Igreja, de Deus, dos irmãos e até dizem: "Eu não sou digno; estou com vergonha de Deus e, por isso, não vou mais à missa e à comunidade".

Meu irmão, se a questão fosse dignidade, ninguém estaria na Igreja. Quem nos dignifica é Deus. Ele tem o poder de transformar nosso coração. Mesmo no erro, busque a Deus, vá à Igreja, confesse seus pecados. Não adie sua confissão, mesmo que seja com o pároco que o conhece. Ele é Cristo, é a Misericórdia que vai abraçá-lo para que possa recomeçar. Aprenda com os erros, reze com seus pecados. Mas queira um tempo novo como Davi. Ele não parou nele mesmo, foi além e, por isso, transformou-se no grande Davi.

Lembro-me de um jovem que acompanhava na direção espiritual. Ele estava lutando mas, no começo, sempre caía nos mesmos pecados. Chegou um dia em que pensei em desistir. Aí surgiu no meu coração o seguinte: "Deus nunca desistiu de você. Por que você quer desistir desse filho?". A partir dessa inspiração, prossegui com aquele jovem e, hoje, ele está bem mais equilibrado e buscando com todo empenho a santidade.

Imagine se eu tivesse desistido! Ele poderia ter se perdido. Mas, assim como um dia Deus usou de pessoas para que eu voltasse à caminhada de fé, agora não posso arrefecer em ajudar os irmãos na busca pela santidade. Deus não desiste de nós. Por isso, não tenho o direito de desistir dos seus filhos.

Certa vez, outro jovem me disse: "Padre, pensei várias vezes em ligar para o senhor para ser atendido, mas estava com vergonha". Isso é obra do demônio! Ele coloca em nós o medo, a vergonha de voltar à casa do Pai. Sim, digo voltar a casa do Pai, porque cada confissão é um retorno à casa do Pai das Misericórdias. Uma confissão bem feita é uma benção para cada um de nós. É a oportunidade de trilhar novamente o caminho da santidade.

Pecadora arrependida

Ela era uma mulher com um histórico de erros e pecados. Uma prostituta. Por isso, foi apresentada a Jesus com a intenção de que Ele autorizasse o seu apedrejamento. Afinal de contas, apontar o dedo para o erro do outro e julgá-lo é sempre mais fácil e tentador.

Muitas vezes julgamos e condenamos sem ao menos tentar saber a história da pessoa, o que a levou a estar naquela vida ou a cometer tal crime. A intenção era julgar a mulher, mas Jesus deu uma reposta que silenciou todo o grupo: "Quem não tiver pecado, atire a primeira pedra" (Jo 8,7).

O texto bíblico diz que, um por um, eles foram saindo. E Jesus, que estava sentado, levanta-se e, olhando nos olhos da mulher, diz: "Ninguém te condenou? Eu também não te condeno. Vai e não peques mais" (Jo 8,10-11).

Com certeza, essa mulher nunca imaginava receber tais palavras, e Jesus surpreende mais uma vez.

Podemos aprender muito com a Palavra de Deus. Nesse texto, o Senhor quer nos ensinar e nos mostra um pouco mais sobre sua misericórdia. Ele não condenou a pecadora, mas, no acolhimento, restituiu novamente sua vida e sua dignidade. Seria tão bom se abríssemos o coração para um amor tão grande e profundo, e nessa presença tocássemos em um Deus que não condena o ser humano!

Jesus não está preocupado com o nosso pecado, com nossa vida antiga ou nosso passado. O que passou e o que cometemos no passado precisamos colocar na misericórdia de Deus e acreditar que somos lavados no sangue do cordeiro, principalmente no Sacramento da Confissão. É interessante notar que Jesus nunca perguntou sobre o passado das pessoas, mesmo com aqueles que erraram com ele – pois quem se interessa por passado é o demônio, que gosta de acusar e lembrar dos erros que cometemos. Jesus não é assim! Ele nos convida a caminhar, seguir em frente, buscar a conversão e não olhar para trás.

Não dá para voltar atrás. Não adianta ficar remoendo o seu passado e se culpando: "Por que fiz isso? Se fosse hoje, não cometeria tal pecado...", pois isso não resolverá nada. Nós só temos o hoje para viver. Portanto, hoje sou chamado a dar uma resposta diferente, hoje sou chamado a mergulhar a minha vida e a minha história no amor e na misericórdia de Deus. É impossível esquecer o passado, mas é possível redimensionar nossa vida e rescrever nossa história a partir do encontro com Cristo. Podemos escrever novos capítulos do nosso livro da vida.

Deus tem maravilhas a fazer na sua vida. Queira entregar-se Ele. Levante a cabeça. Deus tem o melhor para você, creia! Ele não condenou a pecadora, e muito menos vai condenar você. Mas é preciso que tenhamos a coragem de ir até Ele.

O Papa Francisco nos ajuda com esta reflexão:

> Recordando o episódio de Jesus e a mulher pecadora, o Santo Padre explicou que duas palavras importantes aparecem com insistência: amor e julgamento. Não é o amor da mulher pecadora que se humilha diante do Senhor; mas primeiro há o amor misericordioso de Jesus para com ela, que a impulsiona a se aproximar. Para ela não haverá julgamento, exceto o que vem de Deus, e este é um julgamento de misericórdia. O protagonista deste encontro é, certamente, o amor, a misericórdia que vai além da justiça. Por outro lado, o fariseu, Simão, outro personagem do texto bíblico, não consegue encontrar o caminho do amor. Isso porque, segundo o Papa, ele permanece parado no "limiar de formalidade". Não é capaz de dar o próximo passo para ir ao encontro de Jesus, que traz a salvação. Ele parou na superfície, não foi capaz de olhar para o coração.
>
> O chamado de Jesus empurra cada um de nós a não parar na superfície das coisas, especialmente quando estamos lidando com uma pessoa. Somos chamados a olhar além, a nos voltar para o coração, para ver de quanta generosidade somos capazes. Ninguém pode ser excluído da misericórdia de Deus. Quanto maior é o pecado, maior deve ser o amor que a Igreja manifesta para com aqueles que se convertem. Não podemos nos esquecer de que Deus perdoa sempre! – afirmou o santo Papa. (Celebração penitencial no Vaticano – *A misericórdia de deus vai além da justiça,* Papa Francisco, sexta-feira, 13 de março de 2015)

Deus perdoa sempre. O que precisamos fazer é abrir nosso coração e aceitar o perdão de Deus. Não dá para ficar mergulhado na lama do erro e do pecado, pois temos um Deus que nos acolhe e nos toma pela mão para nos tirar de toda e qualquer situação de erro. A pecadora que não foi condenada recebeu o perdão de Deus e uma nova oportunidade. Hoje, Jesus quer olhar para mim e para você, e dizer: "Não te condeno, mas te chamo a um tempo novo. Sai dessa realidade que te escraviza e luta para ser mais de Deus e mais livre. Vai, eu estou contigo!".

Pedro, um homem reencontrado por Deus

Quem era Pedro? Escolhido por Deus, chamado, apaixonado por Jesus Cristo. Foi ele quem disse: "Darei minha vida por ti" (Jo 13,37) e que cortou a orelha do soldado para defender o Mestre. Era o grande protetor de Jesus. Poderíamos dizer que Pedro era um "convertido" – como muitos dizem: "Minha conversão se deu no dia tal, eu mudei de vida a partir daquele encontro, daquele final de semana" – mesmo sabendo que a conversão é diária, é processual. Falamos assim, como uma maneira de dizer que nosso encontro com Cristo aconteceu naquele dia, mas a conversão é, na verdade, diária.

A cada dia sou chamado a acolher a salvação na minha vida, acolher a graça de Deus. Foi por mim e por você que Ele se entregou por amor. Mas, mesmo assim, Pedro não aguenta a pressão e, na hora em que mais o Senhor precisava, trai o Mestre. Ele não quis ser testemunha, dar a vida por Aquele que ele amava. Diante do questionamento, a reposta de Pedro foi: "Não conheço esse homem" (Mc 14,66-72), como se, naquela hora, ele se esquecesse de tudo o que havia vivido com o Senhor, as instruções, os alertas, a amizade com Jesus, as promessas que ele mesmo tinha feito.

Como é fácil esquecer-se de Deus quando tudo está bem, quando o dinheiro, amigos, festas, *status* social são colocados acima da bênção e da proteção divina. Nessa hora, parece que Jesus, sua Palavra e seus ensinamentos ficam em segundo, terceiro, décimo plano.

Nós negamos Jesus não testemunhando sua graça. Negamos Jesus quando O buscamos somente para satisfazer nosso ego, para nos sentirmos bem, para que um filho seja abençoado, para sermos bem-sucedidos na vida, arrumar um emprego, passar no vestibular etc. Negamos Jesus quando não temos a coragem de fazer o sinal da cruz nos lugares públicos para abençoar nosso alimento, fruto da bondade de Deus e do trabalho humano; negamos Jesus quando buscamos satisfazer nosso corpo com uma sexualidade desregrada, sem compromisso, não respeitando o próximo e muito menos a nós mesmos. Agindo assim, somos Pedro: trazemos o desejo de ser de Deus, mas caímos no pecado da traição. Muitas vezes, buscamos a Deus só quando sentimos vontade de fazê-lo, e não porque o amamos e queremos dar a nossa vida por Ele.

Quantas vezes já neguei Jesus? Corremos o risco de achar que a negação de Pedro foi somente para aquela época, mas sabemos que não é bem assim. Negamos Jesus quando paramos em nós mesmos, ou em pessoas e situações da nossa vida que ora ou outra tentam nos paralisar. Negamos o Senhor quando não valorizamos o Batismo que recebemos e buscamos outros caminhos que nos tiram a dignidade de filhos de Deus. Nós O negamos quando nos colocamos no centro e queremos aparecer mais que Ele próprio. Também O negamos quando não nos decidimos por inteiro pelo Senhor e, assim, não somos livres para servir, amar e adorar o Mestre. Negamos a Jesus não sendo e vivendo como filhos amados do Pai.

Pedro, ao cantar o galo, percebeu que errou. Ele deve ter dito: "Meu Deus, traí o Mestre, como fui fazer isso com aquele que era meu amigo, que confiou a Igreja a mim, que tinha um enorme carinho para comigo, e agora faço essa tolice? Que decepção! Logo eu, que era o líder do grupo, aquele que impulsionava os irmãos a caminharem com Jesus! Meu Deus, porque cometi essas bobagens? Se pudesse voltar atrás, se pudesse reescrever minha história... mas agora tudo está perdido, não dá mais para voltar. Eu errei, sou um fracassado, não fui capaz de ir até o fim, portanto, desisto. Não tem mais volta, entrego os pontos". Quis imaginar e descrever um pouco do sentimento de Pedro porque talvez seja o sentimento de tantos que passam pelo processo de enfrentar erros, pecados e quedas.

No capítulo 21 de São João, percebemos Pedro que volta para sua vida cotidiana, para sua vida "normal". Mas como ser normal depois do contato com Jesus? Como não ser incomodado por Ele depois de experimentar sua visita? Pedro volta, mas Jesus não esquece suas declarações de amor e sua vontade de dar a vida por Ele.

Saiba, filho, mesmo que você tenha errado ou cometido pecado graves, Deus não se esqueceu daquilo que você falou para Ele, da sua profissão de fé e seu desejo de dar a vida pelo Reino. Ainda há tempo para o retorno.

Quantas pessoas passaram pela experiência de Pedro! A experiência de ser eleito por Deus, da liderança, do amor intenso por Jesus. Mas, no decorrer da caminhada, erraram, pecaram e muitos voltaram atrás, pois não tiveram a coragem de confrontar-se consigo mesmo e com Deus.

Talvez você tenha perdido a esperança por ter vivido alguma situação de erro ou pecado e isso fez com que desistisse da Igreja, de Deus, da caminhada ou até mesmo de pessoas. Quantas pessoas dizem: "Não sou digno, isso não é para mim, sou muito pecador, não dou conta...". Mesmo você, que pensou assim um dia ou ainda pensa, saiba que Deus não deixou de amá-lo. Deus continua acreditando em você e não vai deixar de acreditar até o último segundo da sua vida, porque Ele o ama e não quer perdê-lo.

Em Deus a esperança não se esvai. Em Deus o pecado tem seu limite, mas a misericórdia é sem limites; na experiência da graça, é possível começar um novo tempo. Talvez você precise retomar sua caminhada, juntando os cacos que sobraram para reconstruir novamente seu coração; mesmo que seja assim, não paremos em nós mesmos. Há quanto tempo você está sofrendo por um passado que o marcou negativamente? Há quanto tempo está parado em situações de erros e traumas passados? Hoje, Deus quer te dar uma nova oportunidade, um novo recomeço – uma nova vida e uma nova história.

Pedro voltou à sua vida antiga, e junto com ele levou muitas pessoas. Quando uma pessoa de Deus desiste, ela corre o risco de levar outros consigo.

Pedro volta a pescar. Mas Deus sabia que Pedro tinha voltado porque estava com o coração machucado, ferido, magoado. Quem está com o coração machucado, com falta de perdão e reconciliação, tem dificuldade de aceitar Jesus e amar as pessoas. O coração ferido desiste por qualquer coisa. Basta qualquer correção que não esteja conforme suas ideias, e ele já abandona e desiste de tudo.

De nada adianta rezar e clamar, se você não deixar Cristo transformar seu interior. Precisamos nos abrir à presença de Deus que adentra nossa história e nos dá a graça de perceber seu amor que perpassa nossos pecados e misérias, para que tenhamos também misericórdia para com o próximo.

Jesus aparece no lago, prepara um fogo, um peixe, tudo com um único objetivo, curar o coração de Pedro. João 21 é um texto interessantíssimo. Jesus prepara o ambiente e, depois de comerem, faz a pergunta que mudaria a vida de Pedro: "Tu me amas?". Para alguém que estava desiludido e não acreditava mais nas promessas de Deus, ouvir isso de Jesus foi como uma fisgada no coração. Ele deve ter pensado: "Que Mestre teimoso! Depois de tudo o que fiz, ele aparece aqui novamente.

Não seria melhor ele ter me esquecido e me deixado aqui na minha 'vidinha', pescando?". Quantos que talvez tocaram na escolha de Deus e no Seu poder mas, por um erro, voltaram atrás e hoje estão contentes com essa "vidinha", são cristãos mas não vivem como tal!

Mais uma vez, Jesus pergunta a Pedro: "Tu me amas?". "Mas de novo?" – deve ter pensado Pedro – "Por que essa insistência? Não percebe que sou um fracassado, pecador, traidor, que não conseguiu ser fiel? Não consegui te amar. Talvez ainda possa dizer que gosto do Senhor, mas amar como antes é impossível, afinal eu era "o cara", mas agora não posso mais, eu fracassei".

E Jesus continua insistindo com Pedro: "Tu me amas mais que os outros?". Pedro deve ter imaginado: "Nem sequer amo *como* os outros, como amar *mais* que os outros? Na situação em que me encontro, a única coisa que consigo dizer é que eu gosto do Senhor, te admiro, tenho um carinho de amizade por ti, mas para amar ainda não me sinto preparado". Ao mesmo tempo em que Pedro está com as marcas da traição, traz uma sinceridade que toca o coração de Jesus. Nosso Senhor pergunta três vezes se ele O ama porque Pedro precisava ser curado das três traições.

A cura do coração começa quando não uso máscaras com Deus, quando apresento a Ele minha vida do jeito que está e como estou. Diante da luz não dá para esconder aquilo que ainda são trevas em nós. Deus, que sonda nossos corações, sabe do que precisamos e como estamos, mas é necessário dizer: "Senhor, estou assim, te apresento isso, toma conta da minha história, apresento minhas limitações, mas quero ser melhor".

Pedro, aos poucos, foi entendendo que não tinha por onde escapar, que Deus não desistiria dele mesmo diante das suas infidelidades, das suas imperfeições, quedas, traições. Porque Deus é insistente: uma vez que marcou você, não volta atrás.

Deus acredita tanto no ser humano que nos criou livres, quis apostar na liberdade – e, mesmo se usamos mal a liberdade, Ele não deixa de insistir com cada um de nós. O dia em que eu descobrir quem eu sou no coração de Deus, eu não precisarei de mais nada, porque eu terei descoberto o Tudo que é Deus. E fazer a experiência com esse Tudo preenche nosso coração de um jeito que nada nem ninguém poderá tirar, pois ser de Deus e se deixar conduzir por Ele, é a melhor opção que devemos fazer diariamente.

Depois que Pedro faz a experiência desse Deus que foi além de suas fraquezas, que não deixou de confiar nele mesmo em meio às suas limitações, ele se lança definitivamente. Agora, o amor que é experimentado precisa ser comunicado. Ele se torna assim o grande Pedro, nosso chefe, nosso líder.

Nem tudo está perdido. Sempre há uma luz no fim do túnel. Para os pessimistas, essa luz é a do trem para acabar de nos matar. Mas não! A luz da qual falo aqui é Jesus, Cordeiro Imolado, Aquele que veio, que virá e que vem em cada Eucaristia, Palavra, comunhão com os irmãos. O convite é para que retornemos, como fez Pedro, que provou da dor do pecado, da traição, mas não parou nela – porque Cristo, que é a verdadeira luz, aparece para que tudo volte ao normal, para que tenhamos vida novamente.

Assim, com todos os filhos de Deus dispersos pelo mundo, Deus quer entrar na sua vida para transformar você dê um jeito tremendo, para que nunca mais seja o mesmo. Basta querer, aproximar-se, deixar-se questionar e tocar por Ele.

Pedro fez a experiência do retorno, e você? Vai ficar parado? A volta depende de cada um de nós. Mas uma coisa é certa: Deus tem muito a fazer na minha e na sua vida. Deus tem o melhor para nós!

O que mais me impressiona na vida de Pedro é a transformação que acontece na sua vida após a visita de Jesus:

> Pedro, apóstolo de Jesus Cristo, aos eleitos que vivem como migrantes dispersos no mundo – no Ponto, na Galácia, na Capadócia, na província da Ásia e na Bitínia, eleitos conforme a presciência de Deus Pai e pela santificação do Espírito, para obedecerem a Jesus Cristo e serem aspergidos com o seu sangue: a vós, graça e paz em abundância. Bendito seja Deus, o Pai de nosso Senhor Jesus Cristo. Em sua grande misericórdia, pela ressurreição de Jesus Cristo dentre os mortos, ele nos fez nascer de novo para uma esperança viva, para uma herança que não se desfaz, não se estraga nem murcha, e que é reservada para vós nos céus. Graças à fé, e pelo poder de Deus, estais guardados para a salvação que deve revelar-se nos últimos tempos. Isso é motivo de alegria para vós, embora seja necessário que no momento estejais por algum tempo aflitos, por causa de várias provações. (1Pd 1,1-6)

Essa passagem mostra o valor de um homem transformado. Agora ele não fala em desistir, mas dá valor e sentido àquilo que vive. Fala de eleição, santificação e misericórdia, tudo o que ele próprio tinha experimentado.

Pedro é um exemplo para mostrar que, a partir do encontro com Jesus, é possível recomeçar e assumir-se amado e dignificado por Deus. Começava um novo tempo em sua vida: Jesus tinha reconquistado seu coração novamente, só que dessa vez havia sido pra valer, dessa vez ele não ficaria só na empolgação, só no desejo de morrer pelo Mestre. Pedro foi se dando aos poucos por amor a Jesus e à sua Igreja, ao ponto de morrer crucificado, dando a Jesus a resposta para a pergunta: "Pedro, Tu me amas?".

Podemos e devemos voltar para Deus. Não faz bem ficar no erro e regredir na caminhada. Sabemos que sem Deus não somos nada – falta tudo, porque falta a vida, o sentido, o amor.

Em Cristo, "sois co-edificados para serdes uma habitação de Deus, no Espírito" (Ef 2,22). Deus se faz próximo na pessoa de seu Filho. Sua entrega total na Cruz revela o amor sem reservas, capaz de consumir-se por todos.

> Na realidade, o mistério do homem só no mistério do Verbo encarnado se esclarece, verdadeiramente. Ele, não só nos deu o exemplo, para que sigamos os seus passos, mas também abriu um novo caminho, em que a vida e a morte são santificadas e recebem um novo sentido. (Juan L. Ruiz DE LA PEÑA, *Criação, graça, salvação,* São Paulo, 1998, p. 60)

Deus se deixa encontrar. Todo esse processo começa pelo dom de Deus; o dom que Deus cria para o ser humano não é outro senão Ele mesmo. (Idem, ibidem). Deus comunica sua bondade se doando à humanidade numa atitude de entrega e amor. Assim como foi ao encontro de Pedro, quer ir ao seu encontro no dia de hoje. Deixe que Ele o conquiste novamente.

Minha história de vida

Minha história, assim como a de muitos, foi construída entre escolha, fidelidade, amor, fé, alegrias, superações, pecados e volta para Deus – esse Deus que sempre acreditou em mim, mesmo quando achei que Ele não existia ou, se existia, morava lá no céu e por isso não me julgava apto a me relacionar com Ele, a ter intimidade de filho para com o Pai.

Nasci em uma família de nove filhos (quatro homens e cinco mulheres). Sou o oitavo filho. Era uma família simples; trabalhávamos na roça no interior do Paraná, sempre com as dificuldades próprias do trabalho da agricultura: serviço braçal, falta do recurso financeiro, dificuldade com o frio do Paraná. Também havia a questão do meu pai que bebia, e isso trazia consequências para o convívio familiar. Graças a Deus, depois de uma experiência em um grupo de oração ele deixou a bebida e o cigarro, transformando-se num grande homem de Deus, assim como minha mãe e meus irmãos.

Nunca imaginaria que Deus já tinha com um olhar diferente para comigo desde cedo. Lembro-me que, uma vez, eu estava sozinho arando terra com os cavalos, parei por um momento e fiz um questionamento para Deus: "O que será que vou ser quando crescer?". Eu trazia essa angústia no coração. Por um tempo, mesmo ainda sem estudos, sonhava em ser advogado, mas era impossível, pois assim que terminamos o primário, precisamos abandonar os estudos (embora gostasse muito de estudar) porque precisava trabalhar. Hoje entendo que não me formei como advogado para defender pessoas na justiça dos homens, mas defendo almas para Deus, e todas que são absolvidas na confissão ganham novamente a liberdade de filhos de Deus. A minha advocacia não tem preço. O confessionário é o único local em que você se acusa e sai absolvido. Deus é maravilhoso. Não tem preço ser de Deus e descobrir esse amor e essa misericórdia.

Cresci gostando de trabalhar muito, jogar bola e nadar no rio. Pensava em crescer na vida, constituir uma família, ter três filhos, fazer uma faculdade. Aí vieram os namoros, vida errada, bebidas, festas, trabalho, dinheiro, morar em outro Estado e, assim, experimentei uma tal "liberdade", "felicidade", que eram, na verdade, perdição.

Quantas "aventuras" vivi com meu carro rebaixado, com vidro escuro e muito som no porta-malas! Quanta necessidade de aparecer e mostrar-me para os outros, dando cavalinho de pau em frente às danceterias ou levando multas pelo excesso de velocidade! Mas diante dessas festas, da tal "liberdade", do dinheiro e do namoro, sentia que faltava algo, que alguma coisa me incomodava; parecia que eu precisava fazer algo pelas pessoas para construir um mundo melhor. Portanto, não era realizado, não tinha ainda encontrado um sentido para a vida. Pensava comigo mesmo: "Mas que sentido é esse? Que felicidade é essa que tanto busco e nada preenche? Será que existe felicidade e realização? Será que é possível encontrar um sentido para a vida?".

Às vezes, surgia uma reflexão neste sentido: "Talvez tenha nascido para sofrer mesmo. Sou um fracassado; não tenho direito de ser feliz. Nasci assim, vou viver assim e morrer assim. Afinal de contas, a vida do cristão é cruz e sofrimento mesmo, então vou aceitar tudo, chorar a vida toda e lamuriar minha história". Meu Deus, quanta lamúria e murmuração! Se você se sente assim, é melhor morrer mesmo, porque na verdade você já morreu, só esqueceu de deitar. O filho de Deus pensa diferente. Sempre há um caminho novo a ser percorrido, sempre há uma possibilidade nova a traçar. Mas é preciso querer. O convite de Jesus é sempre o mesmo: "Você quer?". Ele é delicado, não é intrometido; pede licença e bate à porta do nosso coração em todos os momentos. O resultado depende da abertura que damos a Ele.

Deus sempre bateu à porta do meu coração. Desde pequeno, quando precisei ser batizado às pressas por causa de uma pneumonia, no carinho dos meus pais e irmãos que não mediram esforços para dar o melhor para mim, mesmo em meio às dificuldades; os amigos que tive, enfim, foram tantas graças não poderei relatar aqui. Mesmo assim, vivia reclamando, querendo ter mais coisas, invejando a família dos outros.

Deus me amava no simples, na pobreza, nas brincadeiras com os irmãos, na visita à casa dos avós, no andar a cavalo, de carroça, de bicicleta. Na festa do dia em que íamos matar o porco para deixá-lo conservado na lata de banha, pois não tínhamos geladeira. Quanta coisa boa, quantas bênçãos de Deus! Mas quando o coração está fechado, podem acontecer maravilhas, milagres, prodígios e nada muda. Corremos o risco de parar nas dificuldades e não perceber as graças que Deus nos concede. Já parou para pensar que você tem bem mais coisas para agradecer que para pedir ou reclamar? O fato de ter acordado hoje é um motivo para louvar a Deus, por poder ler esse livro agora, entre tantas outras dádivas. Deus não desiste dos corações fechados; Ele é capaz de loucuras por mim e por você.

É importante ressaltar que fomos criados na fé católica. Rezávamos o terço em família e frequentávamos a Igreja aos domingos, quando não íamos à casa dos avós; mas não era uma fé viva, pois ainda não tínhamos feito uma verdadeira experiência de Deus.

Tudo começou a mudar com a doença do meu pai. Ele começou a sentir muita dor na boca e, para nossa surpresa, quando foi se consultar, o médico pediu para conversar com minha irmã para dizer que ele teria mais ou menos seis meses de vida. Quanto sofrimento e desespero ao ver meu pai se acabando a cada dia e chorando de dor! Isso porque, até que saísse o resultado dos exames, ele não poderia tomar remédio algum.

Foi aí que ele procurou um grupo de oração. Nesse grupo, depois de algumas semanas participando, foi revelado que ele estava assim devido a uma falta de perdão com uma pessoa muito próxima dele. Como meu pai sabia quem era, chamou essa pessoa em casa e ali ouve uma bonita reconciliação; começava, assim, o seu processo de cura.

Ele foi melhorando aos poucos e, depois de seis meses, estava praticamente curado. Foi o motivo que Deus usou para trazê-lo para Deus e, com ele, o restante da família. Com essa graça, houve uma grande transformação no meu pai, tornando-se um grande homem de Deus.

Deus foi capaz de entrar em uma danceteria para me resgatar. Era a noite do vinho; estávamos bebendo, dançando e nos "divertindo". De repente, surge um questionamento no meu coração: "Será que é preciso tudo isso para ser feliz? Será que o jovem precisa de bebida, festa, cigarro e drogas para 'entrar na onda', para ser aceito no grupo ou contar vantagem no dia seguinte? Será que não é possível ser jovem sem essa mentalidade mundana que está aí?".

Eram por volta de duas da manhã. Saí daquele local e, ao entrar no carro, comecei a chorar. Não sabia o que estava acontecendo; deixei meus amigos para trás e fui chorando até em casa, pois algo novo começava naquele dia e nem eu estava entendendo exatamente o que era.

Cheguei em casa, ajoelhei-me em frente a um espelho e comecei a falar com Deus: "João Marcos, o que você está fazendo da sua vida? Olhe para você... tem tudo e não tem nada! Que caminho você está buscando? Você já teve uma chance de experimentar o amor de Deus na sua adolescência, quando começou a participar no grupo de oração, mas não deu atenção".

Naquele momento, não entendia o que estava acontecendo. Sentia Deus falando comigo: "Volta, filho, estou te esperando", mas ainda era apenas um sentimento. Esse Deus apaixonado por nós, que nos tomou por inteiro no dia do nosso Batismo, estava novamente me incomodando, estava me conduzindo para Ele. Era mais uma chance que o Senhor estava me dando.

Duas semanas depois, comecei a participar do grupo de oração. Recebi o convite para um encontro de final de semana, para jovens. Fui ao encontro mais pelo convite e porque já estava procurando algo, mas não muito motivado – na verdade, até meio desconfiado. Mesmo assim, cheio de questionamentos, quis fazer a experiência.

Fiquei sentado na parte de trás do salão. Não tinha disposição para participar das atividades, não sentia nada, questionava o pregador, achava que tudo aquilo era para pessoas velhas e que muitas coisas não aconteciam como eles falavam. Achava que os testemunhos eram arrumados e que as pregações eram feitas com técnicas para tocar o coração das pessoas. "Eu sou racional e não me deixo levar por essas baboseiras", pensava. Como é difícil Deus entrar em um coração fechado!

Somente na pregação sobre o Espírito Santo é que comecei a ficar diferente e me questionar: "Será que é assim mesmo? Será que estava enganado o tempo todo?". Chegou um momento em que disse para Deus: "Se tudo isso que esse cara aí está falando é verdade, quero experimentar hoje esse tal Espírito Santo, senão vou voltar e fazer coisas piores do que já estava fazendo". Só me faltava ir para as drogas – mesmo já tendo pegado meio quilo de maconha nas mãos, não tinha usado, por medo e por lembrar da minha família. Fomos educados na simplicidade, mas com amor e carinho, e essa realidade seria uma grande decepção para minha família e particularmente para a minha mãe.

Quando Deus quer, nada segura o Seu poder. Nada nem ninguém pode impedi-Lo de agir na vida de uma pessoa. Foi tremendo, poderoso, espetacular, verdadeiramente a *Shekiná* de Deus veio até mim. E quando ela chega, não tem como resistir. A partir do batismo no Espírito, daquela oração simples que rezei com aqueles jovens naquela tenda, levantei-me como uma outra pessoa: ajoelhei-me de um jeito e me levantei de outro.

Tudo era novo: a oração, o amor pela Palavra, pela Igreja, pelo irmãos. Havia um desejo profundo de santidade, de falar de Deus, de evangelizar sem medo ou vergonha. Naquele dia, eu, que não tinha coragem nem de fazer uma leitura na Igreja, dei meu testemunho, mesmo com muito tremor.

Tudo isso foi só o começo. Tomei consciência, naquele dia, de que Deus acredita em mim. Ele insistiu muito comigo, até naquele momento, para que descobrisse o sentido da vida. Quanta alegria, quanta satisfação interior e realização pessoal, que não tinha encontrado em nenhum lugar! Nem a bebida, nem o cigarro, nem as mulheres, futebol ou amigos preencheram meu coração como Deus preencheu naquele dia. Por isso, posso dizer: encontrei a Deus, encontrei aquilo que faltava, encontrei o Tudo, encontrei um amigo, *meu* amigo.

Para mim, começava ali um tempo novo, pois é impossível permanecer a mesma pessoa depois do encontro com Cristo. Minha primeira atitude foi mudar as músicas que ouvia. A música secular deu lugar à música cristã e, graças a Deus, encontrei bastante música boa para jovens na época. Como tinha carro com som, precisa de "barulho" e consegui *dance* e *rock* no ritmo cristão e não mais mundano.

Precisei deixar a bebida, mudar a maneira de me vestir – mas, principalmente, deixar Deus ir transformando meu coração por inteiro. O primeiro passo foi a reconciliação: primeiro com Deus, através da confissão, e depois com a família.

Como foi difícil dizer pela primeira vez para meu pai e minha mãe que eu os amava! Mas foi importante esse primeiro passo. Deus foi me transformando e me convertendo dia após dia. A cada encontro, a cada dia no grupo de oração do qual estava à frente, a cada passo para discernir o chamado de Deus para entregar toda a minha vida em uma comunidade missionária como a Canção Nova.

Quanto amor de Deus, quantas lágrimas, quantas renúncias! Teria que deixar um emprego já estruturado e com um belo futuro pela frente, abrir mão da família, namorada, carro, amigos, minha terra, meu povo e minha comunidade, por causa de um chamado que começou no coração de Deus, que foi se concretizando aos poucos e, principalmente, que foi retomado dentro de uma danceteria. Só Deus mesmo para fazer isso com a gente e me colocar onde estou hoje! Entrei na Canção Nova em 2005 e fui ordenado padre no dia 4 de agosto de 2013. Só posso dizer: "Obrigado, Senhor. Obrigado por acreditar em mim!".

Eu não perdi minha juventude, pois Deus não nos tira nada – Ele nos dá tudo e muito mais. Mas o meu ser jovem ganhou novo sentido. O viver a castidade, santidade, tudo tinha sentido. Naquele dia, comecei uma amizade com o Espírito Santo que permanece até hoje. Já tentei me desagarrar Dele, mas Ele não me deixa em paz. Gosto de dizer que a experiência da sala do Pentecostes permanece até hoje. Uma vez que você entra nessa sala e faz a experiência, nunca mais quer sair. Às vezes tentamos nos afastar, mas o Espírito gruda em nós de um jeito que nos puxa de volta para Ele.

Foi uma bonita aventura que começou no ano de 2001. Fez com que eu terminasse o namoro e saísse do emprego para trilhar não os meus planos e projetos pessoais, mas um caminho de resposta a um chamado de Deus. Até então, eram meus planos e projetos que me impulsionavam a trabalhar, estudar e ter a vida normal. Agora, tudo mudou. O Pai me chamou para uma missão e preciso me lançar, deixando-me conduzir pelo *Ruah* de Deus.

Entrei na Canção Nova no dia 5 de janeiro de 2005. Depois de um tempo de discernimento junto aos formadores, percebi que Deus me chamava ao sacerdócio. Foi desafiador aceitar esse chamado, pois pensava que não daria conta dos estudos e das obrigações próprias do ministério. Mas aprendi que Deus chama e capacita, escolhe e direciona, envia e vai à frente.

Sou muito feliz e realizado como padre, servindo no carisma Canção Nova. Ser padre, ser Canção Nova, ser de Deus foi o presente, o algo a mais que Deus fez na minha vida. Só tenho a agradecer tanto amor e tanta graça. Sou amado por Deus, sou apaixonado por Ele, sou feliz servindo a Igreja de Nosso Senhor Jesus Cristo. Como não se alegrar com testemunhos de conversões, curas, milagres, confissões, com profundos arrependimentos e desejo de mudança de vida? Como não se alegrar com a vida fraterna na comunidade, por saber que não estou sozinho, que posso contar com os irmãos e irmãs Canção Nova? Como não se alegrar por ser escolhido e por ser de Deus?

Resumi um pouco da minha história, porque se falarmos dos personagens bíblicos, talvez você diga: “Mas foi lá com eles, naquele tempo. Agora é diferente, vivemos em outra época e tudo mudou. Portanto, a Palavra não tem tanto poder como tinha na época de Davi, de Pedro, da pecadora”. Mas não é verdade. Pude comprovar na minha vida e com a minha vida. Se existia alguém questionador, era eu. Foi preciso fazer a experiência, deixar que o poder de Deus me tocasse por inteiro.

Não tenho dúvida de que Deus continua amando e dando a vida por seus filhos, fazendo o chamado, o convite. A resposta depende de cada um, é pessoal. Eu fiz a experiência e não me arrependo de nada. Deixei emprego, carro, família, namoro, mas Deus nunca deixou faltar nada, até mesmo as pequenas coisas de higiene pessoal, roupa e alimentação . Parece bobagem, não é mesmo? Mas Deus cuida até desses detalhes, pois Ele nos ama nas pequenas coisas. Ele é sensível às nossas necessidades. Deus é amor e cuida de seus amados. Obrigado, Senhor!

Hoje, quando ouço ou vejo alguém falando ou se emocionando no confessionário porque está ali fazendo a experiência da misericórdia ou mudou de vida com uma oração ou pregação, digo para mim mesmo: "Vale a pena, vale muito a pena, mil vezes vale a pena". Não tem preço uma alma que volta para Deus. Vale muito mais que um emprego, carro, bens materiais. Nada paga o valor de uma conversão, não tem preço a transformação de um jovem, o casamento restituído, o sorriso nos lábios de alguém que há tempos nem tinha mais motivos para se alegrar. Não tem preço, não tem valor que pague. Sou novo no ministério, estou aprendendo a ser padre, mas posso falar que já valeu a pena.

O mundo não valoriza mais o sacerdócio; ficam esperando um escândalo de um ministro de Deus para lançar na mídia, mas se esquecem de falar dos milhões que dão a vida nos confessionários, nas paróquias, nas comunidades. Há padres que celebram cinco a oito missas por final de semana, que precisam administrar a comunidade, celebrar outros sacramentos, atender o povo. São verdadeiros heróis. Mas a imagem que se divulga por aí é a do padre tem vida tranquila, que não faz nada etc.

Viajando por esse Brasil e além-Brasil, pude encontrar vários heróis. São padres que já foram assaltados, que viajam em estrada de chão por cinco horas para poder celebrar uma missa. Padres desgastados e cansados por causa do povo, da missão, mas realizados, porque sabem que o chamado partiu do Senhor, e são impulsionados a levar a Boa Nova até os confins da terra. É uma missão desafiadora e bonita, porque tem um sentido: salvar almas para Deus.

A sua história

Qual é a sua história? Que história você escreveu até hoje? Será que ainda dá para retomá-la?

Será que daria para dar uma chance para Deus mais uma vez? Que tipo de história é a sua?

Cada um de nós tem uma história – de família, de vida, de vitórias, alegrias, superações ou dores e sofrimentos. Há pessoas que dizem: "Gostaria de ter outro livro escrito sobre a minha vida, pois o atual está com páginas rabiscadas, borradas, que não dá nem para entender". Outras pessoas dizem: "Se fosse com a idade que tenho hoje, não cometeria as falhas do passado, pois não é fácil conviver com um erro que marcou minha história". Posso dizer que eu também, com a idade que tenho hoje, não cometeria os mesmos erros do passado, pois penso bem diferente de quando tinha quinze, dezesseis ou dezessete anos de idade. O importante é ter consciência que nem sempre acertamos na vida. Mas é a nossa história; não há como apagar aquilo que fizemos de bom ou aquilo que não foi positivo.

O grande erro de muitos é que, por não conseguirem esquecer o passado, se esquecem de viver o presente. São Francisco de Sales diz: "Meu passado não me preocupa mais, pertence à misericórdia divina; meu futuro ainda não chegou, pertence à providência divina; o que eu tenho é o hoje, que pertence à graça de Deus".

Portanto, *hoje* sou chamado a dar uma resposta diferente, *hoje* sou chamado a viver na graça de Deus, *hoje* preciso tomar posse da presença do Espírito Santo no meu coração Não tem como esquecer o passado, não tem como apagar o que vivemos, mas é possível rescrever nossa história a partir do encontro com Cristo e redimensionar nossa vida à luz de Deus.

Quando o paralítico foi até Jesus, precisou ir carregado em uma maca, pois não tinha condições de se deslocar. Mas, no contato com o Cristo, tudo muda. E Jesus fala algo muito importante para ele: "Agora, levanta-te, toma tua maca e anda" (Cf. Lc 5,18-25). Um homem curado não precisava mais de maca, poderia deixar ali ou doar para outra pessoa.

O contexto da palavra nos fala de uma festa dos judeus, próximo da qual havia muitos doentes, cegos, coxos, paralíticos, que ficavam deitados na esperança de um milagre em sua vida por meio do balanço da água. Entre os doentes, havia um homem que esperava pela cura, e Jesus o viu ali, no meio de tantos outros.

O Senhor apareceu para aquele homem a fim de lhe mostrar que, mesmo doente, com culpa, ele continuava sendo filho de Deus. Jesus faz o mesmo com cada um de nós: Ele não nos vê no meio da multidão, mas de maneira única, conhece as nossas dores, nossas necessidades mais profundas e bate à nossa porta quando desmoronamos. É nesse momento que Cristo toma a iniciativa e vem ao nosso encontro para nos devolver o sentido de "filho".

"Toma a tua maca" quer dizer "assume tua história". Até aquele momento, ele precisou ser carregado, sua história o carregava; mas agora, assumiria aquilo que foi bom na sua vida e aquilo que não foi tão bom. Não queira mais ser carregado. Tem gente que vive se arrastando o tempo todo, ou seja, está como aquele paralítico. Jesus diz: "Toma uma atitude!". Você precisa dar o passo. Deus oferece o caminho, mas depende da sua disposição.

Ouço às vezes: "Padre, reze por mim, para eu esquecer tudo o que fiz de errado no passado". Não posso fazer essa oração, até porque Deus não vai ouvir e, se ouvir, você vai perder a memória e não vai lembrar de mais nada, nem do passado, nem do presente. Há determinadas coisas que pedimos para Deus, que é bom que Ele não ouça. Não dá para pedir para esquecer o passado, mas em Cristo Jesus devemos assumir a história de um modo novo – não como condenação, julgamento, acusação, mas com olhar misericordioso de Jesus, com olhar de amor do Pai do céu. Somos os filhos pródigos que alegramos o coração de Deus com nossa volta.

Levante-se! Viva como ressuscitado. Saia dessa prostração, dessa lamúria de que "nada dá certo, minha vida é uma desgraça, nasci para sofrer". Essas vozes não vêm de Deus, e sim do demônio, para atrapalhar sua vida. É ele quem gosta de jogar as pessoas para baixo, apresentar seus erros do passado e ficar acusando. Deus não age assim; Ele sempre oferece uma nova oportunidade e dá uma nova chance.

Por quanto tempo você ainda vai ficar parado? Será que não perdeu tempo demais? Será que não é hora de dar o passo?

- "Estou com câncer, não vejo futuro." Levante-se!
- "Perdi um ente querido, estou de mal com Deus." Levante-se!
- "Cometi um aborto anos atrás e não consigo me perdoar; até já me confessei, mas sempre me culpo por isso." Levante-se!
- "Caí na sexualidade desregrada, perdi a virgindade e agora fico me culpando." Levante-se!
- "Fui abusada ou abusado por pessoas mais velhas e trago uma grande mágoa no coração." Levante-se!
- "Sou muito pessimista, desanimado, sem perspectiva de futuro." Levante-se!
- "Olho para a minha vida e só vejo desgraça e coisas ruins." Levante-se!
- "Não está fácil! Ser cristão é uma cruz atrás da outra." Levante-se!

- "Não vou conseguir, não aguento mais, quero desistir de tudo." Levante-se!
- "Perdi a esperança em mim, na família, nos amigos... Não consigo acreditar em mais ninguém." Levante-se!
- "Por que sofro tanto, se busco a Deus, rezo e ajudo as pessoas?" Levante-se!

Saia da lamúria. Deus quer formá-lo como guerreiro, guerreira, mas você está desperdiçando tempo. Digo-lhe novamente: levante-se!

Levantar muitas vezes vai exigir esforço, muito esforço. Deus oferece a graça, mas depende de cada um querer ou não. Ele não é intrometido. Deus bate à porta do seu coração todos os dias, continua insistindo com você, mesmo diante das suas rebeldias. A tradução da *Bíblia do Peregrino* diz: "Estou batendo à porta" (Cf. Ap 3,20). Isso significa que é uma ação contínua de um Deus que não desiste, que vai continuar insistindo até abrirmos o coração.

Será que hoje não daria para abrir o coração para Ele? Mas não basta abrir, é preciso dar espaço para Cristo permanecer. Abrir é o primeiro passo, depois é preciso fazer uma limpeza, tirar os entulhos e tudo aquilo que impede Cristo de permanecer.

Levante-se, ponha-se de pé. Vamos, recomece, Jesus está com você. Tem gente que se acostumou a viver prostrado, e agora não sabe mais como se levantar. Acostumou-se com o pecado, com a vida velha. Tudo é "normal": liberar a filha para dormir com o namorado em casa é normal, o filho dormir com a namorada é normal, assistir a um monte de porcaria na televisão é normal, afinal, todo mundo assiste, não tem problema, eu sei me controlar. Fumar, ingerir bebida alcoólica à vontade, ser católico só de nome, só para batizar os filhos... tudo parece normal. Só não é normal tantos jovens destruídos na sua sexualidade ainda na adolescência, tantos abortos cometidos por uma sexualidade desregrada, casais que se separam ainda nos primeiros anos do casamento, jovens se perdendo no álcool, nas drogas, na falta de sentido da vida.

Quantos filhos – em especial, jovens – querendo cometer o suicídio! Muitos perderam o rumo; já provaram de tudo e agora não têm mais vida, ou não aceitam os erros e acham que acabar com a vida é um jeito de terminar com o sofrimento. Será que isso é normal? O mundo lança nossos jovens nessa "liberdade", mas não sabe e nem quer cuidar deles quando caem nos vícios e em tantos outros males.

O único costume saudável é estar apegado, agarrado, grudado em Nosso Senhor Jesus Cristo. Ele não decepciona, porque nos ama e tem sempre o melhor para nós.

Existe algo novo esperando por você. Saia dessa prostração! Assuma pra valer seu ser católico, e sua vida não será mais a mesma. A festa do céu vai acontecer já na sua história, à medida que você for entregando tudo a Jesus. Entregue as coisas boas e também as ruins. Ele sabe transformar tudo. Deus abençoe sua decisão!

O mesmo convite feito ao paralítico é feito a você: caminhe, dê passos, mova-se, saia desse marasmo, dessa prostração. Quem encontrou Jesus supera qualquer barreira, não fica reclamando de tudo e de todos. Jesus parece ter dificuldade com gente chata e "vitimada", pessoas que se colocam como centro, como coitadinhas, como se fossem as únicas a sofrer na face da terra. Não! Jesus dá a ordem: "Anda, segue em frente". Não adianta ficar parado e se lamuriando por aquilo que não deu certo, ou por erros do passado. Devemos, sim, aprender com os erros, mas não ficar presos a eles, pois Deus tem sempre o melhor para cada um de nós.

Quem decide o que quer ser é você, se quer ser um "repolho" ou um "botão de rosa". O repolho nasce aberto e vai se fechando aos poucos, até apodrecer nele mesmo. A rosa nasce fechada, mas vai se abrindo aos poucos e se torando bela e cheirosa, chegando a impressionar com sua maneira de se colocar no jardim. Onde tem uma rosa, tudo fica mais bonito e cheiroso, mas onde tem um repolho já passado do tempo, o cheiro não é nada agradável.

Minha vida tem sido de abertura e crescimento, fazendo a diferença na vida das pessoas? Ou tenho me fechado em mim mesmo e nos meus problemas, e por isso estou morrendo aos poucos? Estou sendo presença do odor de Cristo ou do odor do demônio?

Pare e pense um pouco na sua história, na sua vida. Considerando tudo o que já aconteceu, coisas boas ou não tão boas, será que não é hora de levantar cabeça e aceitar o convite

Daquele que nos indica o caminho do "sucesso" em Deus? Este caminho é composto por perseverança, persistência, disciplina, coragem, ânimo, fervor, fidelidade e dedicação.

Nosso Senhor teria todos os motivos para desistir diante das dificuldades – tanto Ele como sua mãe e seu pai. De início, um primeiro obstáculo: Ele não teve um local digno para nascer. Depois, tiveram que fugir para o Egito. Provavelmente, sua infância foi muito simples e pobre. Quando começou sua missão, não foi aceito por todos, tendo seu fim na Cruz, sendo traído até mesmo por seus melhores amigos. E o que Ele ensinou na Cruz foi: "Perdoai-lhes, porque eles não sabem o que fazem". Jesus é o modelo para nós: Ele teria muitos motivos para murmurar e reclamar, mas sua resposta era sempre de ânimo, incentivo e convite à vida nova.

"Eu sou o Caminho, a Verdade e a Vida" (Jo 14,6). Aceitar Jesus é assumi-lo como centro, como Senhor da minha vida. Não podemos viver uma fé de "farmácia", na qual só busco a Deus quando preciso, como um "paliativo". Ele não pode ser só o resolvedor dos meus problemas, mas o Senhor que direciona tudo o que eu fizer. Mesmo que passe por dificuldades, não deixarei de buscar e glorificar o meu Senhor. Ele é o motivo do meu caminhar, Ele é a minha segurança para colocar em prática sua ordem: "Anda!".

Para que eu possa chegar a um destino, preciso começar a trilhar um caminho. A ordem de Jesus é para que continuemos. A tendência é querer parar, desistir diante dos obstáculos e intempéries da vida. Mas somos chamados a persistir seguindo a meta, o céu. Não é pouca coisa que nos espera, por isso vale a pena seguir em frente. Pois andar significa olhar para a frente, perseguir uma meta, não parar nem regredir. Sei que preciso chegar e não posso desistir.

Às vezes, no caminho, vamos encontrando dificuldades, pedras, espinhos. Escorregamos, caímos, nos machucamos. Mesmo assim, somos chamados a continuar andando. Como diz a Palavra: "mesmo enfermo, sou guerreiro" (Joel 4,10).

O Senhor quer nos formar como pessoas fortes, combatentes, verdadeiros soldados de Cristo. Por isso, não podemos voltar atrás. Seguir em frente é mergulhar em águas mais profundas. Voltar atrás é entregar os pontos ao inimigo, fazer aquilo que ele gosta – formar um povo fraco, com objetivo fraco e sem sentido na vida.

Se a cada dia experimentarmos um pouco mais da graça, do poder, da unção, vamos nos tornando íntimos de Cristo, amigos do Espírito Santo. Assim, nada poderá nos abalar, porque nossa força, nossa vitória, nossa segurança está Naquele que tem poder de mudar os rumos da nossa vida.

Se posso andar, significa que tive a oportunidade de encontrar o Cristo. Ele é o sentido para nossa vida; agora, só posso caminhar ao seu encontro, esquecer o que ficou para trás e seguir em frente. Mesmo com a história que temos, bonita ou não, de traumas ou não, olhemos para a frente. Enquanto você fica parado no passado, não vive o presente e não se prepara para o futuro. Assim, posso aprender com aquilo que não foi bom e louvar pelas maravilhas que aconteceram.

Mas a minha história é a minha história. Preciso assumi-la no amor e na misericórdia de Deus. Levar a vida do outro, ou querer ter a história da outra pessoa, é trilhar um caminho de ilusão e sofrimento, desprovido de sentido.

O encontro com Cristo muda os rumos da nossa vida. Quando acolho Deus como Senhor da minha vida, Ele começa a tomar conta de todo o meu ser. O primeiro passo é despertar para o amor de Deus.

Quem não faz a experiência de reconhecer que tem um Pai, não consegue viver como verdadeiro filho e, assim, tudo se torna um peso: ser de Deus, observar os mandamentos, a busca pela santidade etc. Pois não se vive como filho, mas como escravo, que a todo tempo precisa dar resultado.

O convite é para você que quer retomar, quer viver uma vida mais em Deus, quer ser mais avivado pelo Espírito Santo. Saiba que Deus tem o melhor para você, Ele quer começar um tempo novo na sua vida hoje. Talvez nada tenha dado certo até agora, até alguns sonhos você já pode ter enterrado e desistido de realizar. Mas Deus não deixou de olhar por você. Mesmo quando estava no pecado, Ele continuava acreditando que você estaria lendo este livro e sendo batizado no Espírito Santo, mudando os rumos da sua caminhada. Quando Ele toma conta, nossa vida é transformada e nossa história, renovada.

"Eis que faço novas todas as coisas" (Ap 21,5). Tome posse dessa afirmação! No Cristo, tudo se renova, tudo se transforma, tudo ganha novo sentido. No entanto, nada é feito sem a sua disposição, sem o seu consentimento. Cristo não quer adentrar a sua vida bruscamente; Ele pergunta antes, para que sua resposta seja pessoal e consciente, assim como fez Maria: houve o anúncio do anjo, e ela questionou, mas não parou no questionamento. Sua reposta foi uma entrega total ao projeto do Pai; "Faça-se em mim segundo a tua Palavra" (Lc 1,38). Ela não disse "Faça-se segundo a *minha* vontade, *meus* projetos", mas "segundo a *tua* Palavra". Essa é a total liberdade para fazer a vontade de Deus e estar disposta a ser fiel até o fim.

No sim de Maria, algo novo acontece: o salvador começa a ser gerado e o mundo, transformado. Na disposição em fazer a vontade de Deus, pessoas são tocadas e o mundo vai experimentando algo novo.

Maria nos ensina algo muito importante: todos os dias eu preciso dizer: "Faça-se! Faça-se segundo Tu queres. Teu querer é e precisa ser meu querer. Eis-me aqui, realiza Tua santa vontade em minha vida, realiza Teus planos e projetos na minha vida. Espírito Santo, estou aqui, realiza Tua obra".

Só assim nossa vida terá sentido. Pois, na vontade de Deus, só há realização e vida plena. Mesmo que venham as dificuldades. Em Deus e na sua vontade, a cruz se torna mais leve, mais fácil de carregar.

Não tenha medo de dar passos, não tenha medo de entregar sua vida a Deus – sendo você criança, adolescente, jovem, adulto, idoso. Cada um tem seu tempo. Talvez, por tantas situações vividas, você não teve a oportunidade que está tendo hoje, de despertar para um tempo novo, para uma vida que valha a pena, uma vida em Deus. Pois bem, não perca tempo. Comece agora orando ao Senhor, e deixando que a graça de Deus penetre no mais profundo do seu ser.

Pai querido, Pai amado, Pai santo, por meio de seu filho Jesus, na força e unção do Espírito Santo, vem em auxílio de minhas fraquezas, limitações, pecados.

Preciso hoje, Senhor, do toque da sua graça, pois sem Ti nada sou.

Andei por outros caminhos, mas só me perdi. Ajuda-me, Senhor, a ressuscitar. Preciso recomeçar, mas sozinho não consigo. Quero me levantar, mas somente com meu esforço não consigo dar passos.

Espírito Santo do Deus vivo, derrama sobre mim uma unção nova e poderosa. Preciso de um novo Pentecostes, de uma nova unção, uma transformação completa.

Renova minhas forças e meu desejo de testemunhar sua Presença.

Obrigado, Senhor, porque já posso sentir o novo de Deus chegando.

Obrigado, porque sempre escuta o clamor do seu povo.

Bendito seja seu santo nome.

Amém!

Ressurgindo para a vida

Precisamos ressuscitar com o Cristo. Quantos de nós estamos parados na Sexta-feira Santa... Parece que tudo está morto, sem vida, sem ressurreição. Mas é preciso lembrar que nossa caminhada comporta a sexta feira, mas também o Sábado de Aleluia, o Domingo da Ressurreição e o Pentecostes. Por ora estamos na sexta, no sofrimento, na dor, mas precisamos ser fiéis, porque o sábado vai chegar, assim como o domingo e o Pentecostes.

Ressurreição: é esse o pedido de Jesus para você. É isso que Ele quer fazer com sua vida.

Quando Jesus ressuscita Lázaro, Ele diz: "Retirai a pedra". Portanto, abra o que está fechado em você, para que o sopro de vida entre.

> Lázaro caiu doente em Betânia, onde estavam Maria e sua irmã Marta. Maria era quem ungira o Senhor com o óleo perfumado e lhe enxugara os pés com os seus cabelos. E Lázaro, que estava enfermo, era seu irmão.
>
> Suas irmãs mandaram, pois, dizer a Jesus: "Senhor, aquele que tu amas está enfermo". A estas palavras, disse-lhes Jesus: "Esta enfermidade não causará a morte, mas tem por finalidade a glória de Deus. Por ela será glorificado o Filho de Deus".
>
> Ora, Jesus amava Marta, Maria, sua irmã, e Lázaro. Mas, embora tivesse ouvido que ele estava enfermo, demorou-se ainda dois dias no mesmo lugar. Depois, disse a seus discípulos: "Voltemos para a Judeia".
>
> "Mestre", responderam eles, "há pouco os judeus te queriam apedrejar, e voltas para lá?" Jesus respondeu: "Não são doze as horas do dia? Quem caminha de dia não tropeça, porque vê a luz deste mundo. Mas quem anda de noite tropeça, porque lhe falta a luz". Depois destas palavras, ele acrescentou: "Lázaro, nosso amigo, dorme, mas vou despertá-lo".
>
> Disseram-lhe os seus discípulos: "Senhor, se ele dorme, há de sarar". Jesus, entretanto, falara da sua morte, mas eles

pensavam que falasse do sono como tal. Então Jesus lhes declarou abertamente: "Lázaro morreu. Alegro-me por vossa causa, por não ter estado lá, para que creiais. Mas vamos a ele". A isso Tomé, chamado Dídimo, disse aos seus condiscípulos: "Vamos também nós, para morrermos com ele".

À chegada de Jesus, já havia quatro dias que Lázaro estava no sepulcro. Ora, Betânia distava de Jerusalém cerca de quinze estádios. Muitos judeus tinham vindo a Marta e a Maria, para lhes apresentar condolências pela morte de seu irmão.

Mal soube Marta da vinda de Jesus, saiu-lhe ao encontro. Maria, porém, estava sentada em casa. Marta disse a Jesus: "Senhor, se tivesses estado aqui, meu irmão não teria morrido! Mas sei também, agora, que tudo o que pedires a Deus, Deus to concederá".

Disse-lhe Jesus: "Teu irmão ressurgirá". Respondeu-lhe Marta: "Sei que há de ressurgir na ressurreição no último dia". Disse-lhe Jesus: "Eu sou a ressurreição e a vida. Aquele que crê em mim, ainda que esteja morto, viverá. E todo aquele que vive e crê em mim, jamais morrerá. Crês nisto?" Respondeu ela: "Sim, Senhor. Eu creio que tu és o Cristo, o Filho de Deus, aquele que devia vir ao mundo". A essas palavras, ela foi chamar sua irmã Maria, dizendo-lhe baixinho: "O Mestre está aí e te chama". Apenas ela o ouviu, levantou-se imediatamente e foi ao encontro dele. (Pois Jesus não tinha chegado à aldeia, mas estava ainda naquele lugar onde Marta o tinha encontrado.)

Os judeus que estavam com ela em casa, em visita de pêsames, ao verem Maria levantar-se depressa e sair, seguiram-na, crendo que ela ia ao sepulcro para ali chorar. Quando, porém, Maria chegou onde Jesus estava e o viu, lançou-se aos seus pés e disse-lhe: "Senhor, se tivesses estado aqui, meu irmão não teria morrido!". Ao vê-la chorar assim, como também todos os judeus que a acompanhavam, Jesus ficou intensamente comovido em espírito. E, sob o impulso de profunda emoção, perguntou: "Onde o pusestes?". Responderam-lhe: "Senhor, vinde ver".

Jesus pôs-se a chorar. Observaram por isso os judeus: "Vede como ele o amava!" Mas alguns deles disseram: "Não podia ele, que abriu os olhos do cego de nascença, fazer com que este não morresse?". Tomado, novamente, de profunda emoção, Jesus foi ao sepulcro. Era uma gruta, coberta por uma pedra. Jesus ordenou: "Tirai a pedra". Disse-lhe Marta, irmã do morto: "Senhor, já cheira mal, pois há quatro dias que ele está aí...". Respondeu-lhe Jesus: "Não te disse eu: 'Se creres, verás a glória de Deus?'".

Tiraram, pois, a pedra. Levantando Jesus os olhos ao alto, disse: "Pai, rendo-te graças, porque me ouviste. Eu bem sei que sempre me ouves, mas falo assim por causa do povo que está em roda, para que creiam que tu me enviaste". Depois destas palavras, exclamou em alta voz: "Lázaro, vem para fora!". E o morto saiu, tendo os pés e as mãos ligados com faixas, e o rosto coberto por um sudário. Ordenou então Jesus: "Desligai-o e deixai-o ir". Muitos dos judeus, que tinham vindo a Marta e Maria e viram o que Jesus fizera, creram nele. (Jo 11,1-45)

"Lázaro, vem para fora!" – Jesus faz o convite, Ele não vai até Lázaro e pega na sua mão. Não! Jesus dá uma ordem: "Vem para fora!". A ordem é dada em meio ao estado de morte e amarração que ele se encontrava. Para Deus não existe impossível, mas precisa existir da nossa parte um desejo profundo de querer essa ressurreição, de aceitar e deixar ressoar no nosso coração as palavras de Jesus: "Vem para fora, aqui tem vida, luz, amor e irmãos te esperando".

Quantas vezes não percebemos a vida em nossa volta porque ainda estamos como Lázaro... amarrados, mortos, desanimados, para baixo.

A irmã do sepultado questiona Jesus, pois já fazia quatro dias que o irmão estava ali e cheirava mal. Jesus faz pouco caso disso. Ele veio também para os que cheiram mal, para arrancar das trevas os perdidos e conduzi-los à luz, para dar vida a quem estava morto.

O importante para Jesus não é como você esteja, mas como quer estar a partir do encontro com Ele. Mesmo que precise da ajuda de outros para tirar os panos velhos que o amarram, é necessário fazê-lo, pois talvez já estejam cheirando mal.

O pecado cheira mal, o pessimismo cheira mal, a falta de fé cheira mal, o sentimento de culpa cheira mal, enfim, tantas coisas em nós cheiram mal e nos aprisionam, nos tiram a paz e nos levam para o túmulo. Quantos estão como Lázaro: mortos, enfaixados e sem expectativa de vida! Quantos vivem sem viver, reclamando de tudo: nada está bom, nada presta, tudo é ruim. Gente assim já morreu e se esqueceu de deitar; está apenas esperando o tempo de partir dessa para melhor.

Ainda há tempo para retomar. Quando o Mestre chega, tudo muda, mas é preciso crer e tomar posse da sua Palavra, acreditar no poder do seu mandato. A ordem de Jesus não é uma simples ordem, é uma poderosa ordem. Ele tem a delicadeza de chamar pelo nome: Lázaro, Pedro, Tiago, João, Fabiano, Davi, Tereza, Maria, Fátima... Venha para fora, venha para a vida, para luz, para a benção, para o outro lado.

Até agora você estava parado em você e nas pessoas, estava parado em problemas e situações. Agora é tempo novo, tempo de graça e ressurreição, tempo de vida em abundância.

Assim como Jesus fez com o paralítico, ao perguntar se ele queria ficar curado e ordenar que se levantasse, Ele faz diariamente conosco, ao nos pedir que tomemos uma atitude sem deixar de assumir o passado, mas começando uma vida nova. Acredite: não deixamos de ser filhos de Deus. Ele, que é Pai, quer nos acolher e amar, quer cuidar de nós de maneira única.

Deus respeita nossa liberdade, mas Ele nos faz a mesma pergunta que fez ao paralítico: "Queres ficar curado?", "Queres voltar a viver novamente?", "Queres ressuscitar?". Então, assuma sua história de luta e de dor, mas também de coisas boas. Quanta coisa boa aconteceu na sua história! Às vezes, por causa das dores, ficamos parados nos pontos doloridos da nossa vida, mas Jesus nos diz para seguirmos em frente e nos deixarmos tocar por Ele.

Queira dar mais de você, não pare em si mesmo. Deus não olha para você com a depreciação que talvez, você tenha usado ao olhar para si mesmo. Seu olhar é de amor e misericórdia, porque quer vê-lo repleto da real felicidade que só encontrará na comunhão com Ele.

Queira ser grande. O grande homem de Deus cai de joelhos, luta para ser santo, para não cair – mas, se cai, logo se levanta, porque sabe que não foi criado para viver preso, acorrentado, mas livre na graça de Deus, na força do Espírito Santo.

Às vezes, agimos como avestruzes, diante dos problemas e perigos: abaixamos a cabeça para não ver nada. Isso, porém, não ajuda em nada, pelo contrário, só aumenta o problema, pois todo o seu corpo fica à disposição para qualquer situação de perigo que possa acontecer.

Quantas vezes achamos melhor "enfiar nossa cabeça" na falta de fé, no desânimo, na falta de compromisso com a Igreja e com os irmãos? Corremos o risco de abaixar demais nossa cabeça e cair nas drogas, no sexo, na corrupção, no adultério e na falta de amor para consigo mesmo e para com Deus.

Há pessoas que, para fugir das suas responsabilidades, usam como válvula de escape a comida, a bebida, o consumismo e tantas outras realidades, na tentativa de suprir um vazio que só Ele é capaz de preencher.

Você foi feito para o desafio, para superar a todo momento, para perder e ganhar e, assim, aprender com a vida. Quem para em si e nos seus limites, não entendeu nada de experiência de Deus, pois a nossa pequenez diante Dele é que nos agiganta na luta contra o pecado. Sua sede de ser grande, feliz e realizado só será saciada com o amor de Deus e Seu Espírito.

É certo que você será incomodado pelo inimigo de Deus, mas precisa ser persistente e não voltar atrás. Mesmo que venham ventos contrários, confie e siga até o fim, pois você nasceu para as coisas do alto: "Buscai as coisas lá do alto, onde Cristo está sentado à direita de Deus"; "Afeiçoai-vos às coisas lá de cima, e não às da terra" (Col 3,1-2).

Assumir nossa história é assumir o Cristo que dignificou nossa vida e nos dá a oportunidade de reescrever novos capítulos do livro da vida.

O encontro com Deus muda nossa vida

Causam-me preocupação tantas leis, propagandas e meios que nos são oferecidos com o intuito de tornar a humanidade fraca, sem objetivo e sem ideais. Somos a geração das mídias, do micro-ondas, das coisas "fáceis", até porque vivemos sem tempo. Aquilo que seria para nos ajudar e fazer sobrar tempo, causa-nos o efeito contrário. E essa falta de tempo reflete-se na sua capacitação profissional e espiritual. Considera-se absurdo ler um bom livro, tirar um final de semana para fazer um retiro ou meia hora para estar diante do Santíssimo Sacramento. A pressão do trabalho, do grupo, das pessoas, parece nos lançar para uma correria sem fim.

"Meu Deus, quem sou eu? Onde estou? E para onde vou?" – dificilmente conseguimos responder essas questões. Assim, temos cada vez mais uma sociedade doente e aflita, agitada e mergulhada no desespero.

Por outro lado, existe um povo que descobriu o verdadeiro sentido da vida em Deus. Casais lutando para viver a santidade no casamento, jovens se esforçando para viver conforme a Palavra de Deus. Pessoas que verdadeiramente querem viver a cada dia um tempo novo. Não são pessoas perfeitas, mas filhos que lutam para sê-lo. Aqui está o segredo: o Senhor não quer filhos perfeitos, mas que lutem para ser perfeitos. Se temos o desejo de acertar, mesmo que aconteça uma queda, o Senhor estará ali para nos reerguer. No mundo de hoje, onde tantas realidades são oferecidas, a pessoa que busca a Deus e luta para viver conforme os princípios da fé, alegra o coração Dele.

A pessoa que está em Deus consegue se organizar e se disciplinar melhor que as outras, porque ela prioriza aquilo que é necessário para sua vida e aquilo que edifica. Em geral, projetos de vida podem durar três meses, seis meses ou um ano. O importante é fazer esse projeto com objetivos claros e definidos com relação à sua vida profissional, comunitária e familiar, além da vida espiritual e física. Mas é preciso escrever e colar em locais que o ajudem a lembrar de suas metas.

Por exemplo: se não estou bem na minha saúde física, preciso começar a fazer exercícios. Meu objetivo é começar no dia tal, às seis da manhã. Todo dia vou caminhar nesses horários. Faça do mesmo modo para outras atividades. Você precisa se organizar, nós precisamos nos organizar.

Não podemos mais viver como antigamente. Nossas escolhas, atitudes e comportamentos precisam mudar. Não somos chamados a sair do mundo, mas a transformá-lo e renová-lo com nosso jeito de ser:

> Não vos conformeis com este mundo, mas transformai-vos pela renovação do vosso espírito, para que possais discernir qual é a vontade de Deus, o que é bom, o que lhe agrada e o que é perfeito. (Rm12,2)

Somos chamados a cantar uma Canção Nova, um canto novo, um ressoar de vida nova:

> Somos convidados a cantar um canto novo ao Senhor. O homem novo conhece o canto novo. O canto é uma manifestação de alegria e, se examinarmos bem, é uma expressão de amor. Quem, portanto, aprendeu a amar a vida nova, aprendeu também a cantar o canto novo. É, pois, pelo canto novo que devemos reconhecer o que é a vida nova. Tudo isso pertence ao mesmo Reino: o homem novo, o canto novo, a aliança nova.
>
> Não há ninguém que não ame. A questão é saber o que se deve amar. Não somos, por conseguinte, convidados a não amar, mas sim a escolher o que havemos de amar. Mas o que podemos escolher, se antes não formos escolhidos? Porque não conseguiremos amar, se antes não formos amados. Escutai o apóstolo João: "Nós amamos porque ele nos amou primeiro" (cf. 1Jo 4,10). Procura saber como o homem pode amar a Deus; não encontrarás resposta, a não ser esta: Deus o amou primeiro. Deu-se a si mesmo aquele que amamos, deu-nos a capacidade de amar. Como ele nos deu esta capacidade, ouvi o apóstolo Paulo que diz claramente: "O amor de Deus foi derramado em nossos corações". Por quem? Por nós, talvez? Não. Então por quem? Pelo Espírito Santo que nos foi dado (Rm 5,5).
>
> Tendo, portanto, uma tão grande certeza, amemos a Deus com o amor que vem de Deus. Escutai ainda mais claramente o mesmo São João: "Deus é amor: quem permanece no amor, permanece com Deus, e Deus permanece com ele" (1Jo 4,16). É bem pouco afirmar: "O amor vem de Deus" (1Jo,4,7). Quem de nós se atreveria a dizer: Deus é amor? Disse-o quem sabia o que possuía.
>
> Deus se oferece a nós pelo caminho mais curto. Clama para cada um de nós: "Amai-me e me possuireis; porque não podeis amar-me se não me possuirdes".

> Ó irmãos, ó filhos, ó novos rebentos da Igreja Católica, ó geração santa e celestial, que renascestes em Cristo para uma vida nova! Ouvi-me, ou melhor, ouvi através do meu convite: "Cantai ao Senhor Deus um canto novo". "Já estou cantando", respondes. Tu cantas, cantas bem, estou escutando. Mas oxalá a tua vida não dê testemunho contra tuas palavras.
>
> Cantai com a voz, cantai com o coração, cantai com os lábios, cantai com a vida: Cantai ao Senhor Deus um canto novo. Queres saber o que cantar a respeito daquele a quem amas? Sem dúvida, é acerca daquele a quem amas que desejas cantar. Queres saber então que louvores irás cantar? Já o ouviste: "Cantai ao Senhor Deus um canto novo". Que louvores? Seu louvor na assembleia dos fiéis. O louvor de quem canta é o próprio cantor.
>
> Quereis cantar louvores a Deus? Sede vós mesmos o canto que ides cantar. Vós sereis o seu maior louvor, se viverdes santamente. (SANTO AGOSTINHO. Cantemos ao Senhor o canto do amor. *Liturgia das Horas II,* Rio de Janeiro: Vozes, Paulinas, Paulus, Ave-Maria, 2000, p. 642-643)

O convite é para começar a cantar uma canção nova. Mesmo que, às vezes, as cordas desafinem, a voz fique rouca e apareça a vontade de parar, de entregar os pontos. Não podemos desanimar. O homem novo nunca pode deixar de compor e cantar uma canção nova. O som, a música, a voz, vão nos perseguir até a eternidade. Deus não vai nos deixar em paz. Ele não deixará que um filho Dele busque outros caminhos, que volte a cantar uma canção velha.

É canto novo, é vida nova, que exige treinamento, dedicação, amor, oração, disciplina e fidelidade. A música ficará cada vez melhor, à medida que nos deixarmos treinar e adestrar pelo fogo do alto, pela unção de Deus.

A primeira atitude após o Batismo no Espírito é despertar para a experiência do amor de Deus, a experiência com Deus Pai, a amizade com o Espírito Santo, que desperta a vontade de morrer por amor a Jesus Cristo, à Igreja e aos irmãos.

Quando Deus entra na nossa vida, algo novo acontece. Aumenta a vontade de ir à Santa Missa, adorar, rezar, ler a Sagrada Escritura e os Documentos da Igreja, juntos com bons livros espirituais, tudo com o intuito de crescer na graça de Deus e na comunhão com Nosso Senhor.

Mudar alguns tipos de músicas que ouvimos, repensar a maneira de se vestir e de falar, deixar de frequentar certos ambientes, junto com o desejo de santidade e de vida nova, são princípios essenciais para um início de caminho novo.

> Então que diremos? Permaneceremos no pecado, para que haja abundância da graça? De modo algum. Nós, que já morremos ao pecado, como poderíamos ainda viver nele? Ou ignorais que todos os que fomos batizados em Jesus Cristo, fomos batizados na sua morte? Fomos, pois, sepultados com ele na sua morte pelo batismo para que, como Cristo ressurgiu dos mortos pela glória do Pai, assim nós também vivamos uma vida nova.
>
> Se fomos feitos o mesmo ser com ele por uma morte semelhante à sua, sê-lo-emos igualmente por uma comum ressurreição. Sabemos que o nosso velho homem foi crucificado com ele, para que seja reduzido à impotência o corpo (outrora) subjugado ao pecado, e já não sejamos escravos do pecado. (Pois quem morreu, libertado está do pecado.)

> Ora, se morremos com Cristo, cremos que viveremos também com ele, pois sabemos que Cristo, tendo ressurgido dos mortos, já não morre, nem a morte terá mais domínio sobre ele. Morto, ele o foi uma vez por todas pelo pecado; porém, está vivo, continua vivo para Deus! Portanto, vós também considerai-vos mortos ao pecado, porém vivos para Deus, em Cristo Jesus. (Rm 6,1-11)

Não dá para ser batizado no Espírito e viver uma vida de pecado. Não podemos mergulhar na graça como se fosse dentro de um saco plástico e, assim, viver só de aparência. É uma nova vivência, uma consciência nova do poder do Espírito em nossa vida, que vai nos transformando e renovando à medida que damos abertura à graça.

Destaco alguns atributos essenciais de uma pessoa batizada no Espírito Santo:

- Vida nova;
- Busca de santidade;
- Disponibilidade em servir e amar;
- Vida íntima com Deus;
- Amor à Igreja;
- Atmosfera de louvor, centralizada mais em Deus que nas necessidades pessoais;
- Louvor alegre e entusiasta, expresso por cantos;
- Desejo de comunicar Jesus, de não negligenciar o dom que recebeu (2Tm 1,6).

São Tomás de Aquino denomina aquilo que se passa em nós, quando o Espírito Santo nos é dado, de *habitação* e *inovação*. O Espírito Santo habita em nós de tal modo que faz em todos nós coisas novas. Ele diz que esse "envio" pode ser repetido muitas vezes na vida de cada um. Isso acontece para que uma pessoa cresça na intimidade com Deus e no serviço aos irmãos.

Precisamos progredir na graça. Cada novo envio do Espírito gera uma verdadeira "vida nova", que deve implicar um novo modo de o Espírito residir na alma, uma verdadeira mudança na relação pessoal do indivíduo com o Espírito que nele habita – ou seja, uma amizade.

Não são pessoas que batizam no Espírito Santo. Somente Jesus batiza verdadeiramente no Espírito, porque somente Ele, Senhor ressuscitado, recebe do Pai o dom do Espírito e o derrama sobre os discípulos (At 2,33). O batismo no Espírito Santo assinala o começo de uma nova vida, acompanhada por uma vivência profunda de oração de louvor, uma nova experiência e um zelo ardente pela implantação do Reino de Deus.

A efusão do Espírito Santo poderá acontecer várias vezes na vida de uma pessoa, levando a graus mais sublimes de santidade. Por isso, é necessário pedir e clamar todos os dias: "Vem, Espírito Santo! Conduz meu dia, minhas atividades e todo o meu ser".

O batismo no Espírito Santo é a redescoberta hoje das igrejas dos tempos apostólicos, como descreve São Paulo: "Já que aspirais aos dons do Espírito Santo, procurai tê-los em abundância, para a edificação da Igreja" (1Cor 14,12). Portanto, o batismo no Espírito Santo não é algo único dos carismáticos. É bíblico, teológico e faz parte da história da Igreja desde seu início (Cf. D. João Evangelista Martins Terra, SJ, *Os Carismas em São Paulo*, Ed. Loyola).

Foi essa graça do Espírito Santo que experimentei um dia; foi essa experiência do Pentecostes que renovou minha juventude e mudou os rumos da minha história. O Espírito Santo virá e nós o conheceremos. Ele estará conosco para sempre, Ele permanecerá conosco; Ele nos ensinará tudo e nos lembrará de tudo o que Cristo nos disse, e dele dará testemunho; conduzir-nos-á à verdade inteira e glorificará a Cristo (CEC n. 729).

Oração

> "Alma pecadora, não tenhas medo do teu Salvador. Eu, o primeiro tomo a iniciativa de Me aproximar de ti, pois sei que por ti mesma não és capaz de elevar-te até Mim. Não fujas, filha, de teu Pai, dispõe-te a dialogar a sós com o teu Deus de misericórdia, que quer dizer-te palavras de perdão e cumular-te com Suas graças"
>
> (Diário, 1485).

Não tenhas medo, filho, filha, de se aproximar do Deus de misericórdia. Rezemos:

Senhor, eu reconheço que nem sempre acertei, que muitas vezes vivi como se Deus não existisse. Mesmo sendo batizado e portando a marca da promessa, eu me perdi, esbanjei os bens, gastei os tesouros celestes.

Perdão, Senhor, pelas vezes em que não te amei, não lutei para ser santo e vivi como tantos, sem reconhecer que estavas ali sempre batendo à porta da minha vida.

Obrigado por Tua insistência, obrigado por não desistir de mim. Mesmo quando eu quis desistir, quis tirar minha vida, o Senhor não desistiu. O Senhor sempre acreditou ser possível voltar. Quanta misericórdia, quanto amor, quanta paciência!

Assim como perdoou Davi, a mulher pecadora, Pedro e tantos outros, perdoa a mim, que sou pecador e miserável. Errei muito, feri seu coração, mas eu voltei. Me acolhe novamente, Pai!

Quero e preciso recomeçar. Necessito trilhar um novo caminho. Não dá mais para viver assim, porque sei que somente na Tua presença serei feliz e realizado.

Que essa volta seja para sempre, que essa experiência se perpetue até o céu. Não quero te deixar nunca mais. Vem em meu auxílio a cada dia, em cada momento. Sou teu, todo teu. Minha vida está lavada e restaurada na sua infinita misericórdia. Amém!

Perseguir a meta

TUDO O QUE DEUS FAZ em nossa vida requer uma continuidade. Para isso, precisamos ser perseverantes e buscar o Senhor constantemente. A experiência com a Divina Misericórdia nos ajuda e nos motiva a viver bem essa caminhada. Destaco o primeiro *Angelus* do Papa Francisco, para que possamos entender um pouco mais sobre esse amor misericordioso de Deus:

> Esse Domingo nos fala do episódio da mulher adúltera que Jesus salva da condenação à morte. Surpreende essa atitude de Jesus. A gente não ouve palavras de desprezo; não ouvimos palavras de condenação, mas somente de amor, de misericórdia. Palavras que nos convidam à conversão: "Eu também não te condeno. Vai e, de agora em diante, não peques mais" (Jo 8,11).
>
> O rosto de Deus é um rosto de um Pai misericordioso. Vocês já pensaram na paciência de Deus? Na paciência que ele tem com cada um de nós? É a sua Misericórdia! Ele tem sempre paciência conosco, nos entende, não se cansa de perdoar se soubermos voltar para ele sempre com o coração arrependido. É grande a misericórdia do Senhor, assim diz o salmo... Um pouco de misericórdia torna

> o mundo menos frio e mais justo. Nós precisamos entender bem a misericórdia de Deus, esse Pai misericordioso que tem tanta paciência. Vamos lembrar o profeta Isaías que afirma que, mesmo que nossos pecados sejam vermelhos, o Amor de Deus vai torná-los brancos como a neve. É muito bonita a misericórdia!
>
> Lembro-me que, logo que me tornei bispo, em 1992, chegou a Buenos Aires a Nossa Senhora de Fátima. Foi feita uma grande Missa para os doentes e fui lá confessar. Quase no fim da Missa, eu me levantei, porque tinha que fazer uma Crisma, e veio perto de mim uma senhora idosa, muito humilde, muito simples, com mais de oitenta anos. Eu olhei para ela e disse: "Vovó (na Argentina se diz sempre *vovó* às pessoas idosas), você quer se confessar?" "Sim", ela respondeu. "Mas a senhora não pecou?" Ela disse: "todos nós pecamos!" "Mas olha que talvez o Senhor não lhe perdoe". "O Senhor vai perdoar todos", disse ela, "com certeza!" "Como a senhora sabe?" "Se o Senhor não perdoasse tudo, o mundo não existiria", ela respondeu.
>
> Então, senti vontade de lhe perguntar se havia estudado na Universidade Gregoriana, porque ela usou uma sabedoria interior sobre a misericórdia de Deus. Não esqueçamos jamais essa palavra! Deus nunca cansa de nos perdoar. "Mas padre, qual é o problema?" Somos nós que nos cansamos de pedir perdão. Somos nós que nos cansamos de pedir. Não nos cansemos mais de pedir perdão, porque o Pai é amoroso, é cheio de misericórdia por nós e nos perdoa sempre. (Cf. PAPA FRANCISCO. Disponível em <http://www.pt.josemariaescriva.info/artigo/primeiro-c2ngelus-do-papa-francisco3a-93deus-nunca-se-cansa-de-perdoar94>. Acesso dia 14 de dezembro de 2015.)

Temos ouvido muito sobre a misericórdia de Deus nos tempos atuais. O Papa Francisco sempre nos motiva sobre ela, com suas reflexões e textos bíblicos. Mas será que, verdadeiramente, nós sabemos o que significa a misericórdia infinita de Deus? Será que nós entendemos o insondável amor de Deus para com a humanidade?

Ouso dizer que ainda não fizemos uma verdadeira experiência com a misericórdia de Deus. Se assim fosse, não pararíamos em nós mesmos quando erramos, e não ficaríamos com vergonha de confessar nossos pecados, mesmo que fosse com aquele padre que conhecemos. Se acredito na misericórdia, não busco nas pessoas o que falta para preencher o vazio do meu coração, mas no oceano da graça de Deus.

A vida nova começa quando olho para minha vida e percebo os raios da misericórdia divina, que são capazes de iluminar até mesmo os pontos mais obscuros de nossa história. Saiba que, por mais que você tenha vivido trevas e pecados, é possível recomeçar e seguir em frente. Basta confiar e se lançar, desejar e querer um tempo novo, que pode começar agora. Deus abençoe sua decisão.

Esse Deus que se entregou por nós ainda tem muito mais para fazer em nossas vidas. A cada momento em que nos colocamos na presença do Senhor, Ele tem algo novo para nós. É o Senhor quem nos renova e nos dá o vigor. Hoje é o dia de despertar para um tempo novo, para a graça de Deus.

"A salvação é obra de nosso Deus, que está assentado no trono, e do Cordeiro" (Ap 7,10). Que salvação é esta? É tudo o que experimentamos na Sexta-feira Santa: um Deus que é capaz de ser morto na Cruz para nos salvar da situação de pecado e prisão em que estávamos, um Deus que foi e é capaz de nos amar até o extremo. Muitas vezes não entendemos ainda o que significa a misericórdia de Deus. Por isso, colocamos tantas coisas no lugar que caberia somente a Ele.

Muitos de nós não valorizamos a Morte de Jesus; nós nos emocionamos ao assistir a encenação da Via-Sacra e ao refletir sobre o assunto, mas ainda não temos a clareza de que Cristo morreu por amor a cada um de nós. Deus se entregou à morte em uma cruz para nos salvar e nos colocar em pé novamente.

> Deus morreu na carne e despertou na mansão dos mortos. Ele vai antes de tudo à procura de Adão, nosso primeiro pai, a ovelha perdida. Faz questão de visitar os que estão mergulhados nas trevas e na sombra da morte... O Senhor entrou onde eles estavam, levando em suas mãos a arma da cruz vitoriosa. Quando Adão, nosso primeiro pai, o viu, exclamou para os demais, batendo no peito e cheio de admiração: "O meu Senhor está no meio de nós". E Cristo respondeu a Adão: "E com teu espírito". E tomando-o pela mão, disse: "Acorda, tu que dormes, levanta-te dentre os mortos, e Cristo te iluminará" (Cf. *Liturgia das Horas – Ofício das leituras*, Rio de Janeiro: Vozes, Paulinas, Paulus, Ave-Maria).

Você acha que o mesmo Deus que tirou Adão da mansão dos mortos não é capaz de tirá-lo da mansão de morte em que você está? Deus é misericórdia, e quando fazemos a experiência do amor Dele, nós nos aproximamos da confissão. Muitos de nós vivemos nos arrastando, porque ainda não experimentamos o amor de Deus.

Nós ainda não entendemos este amor de Deus por nós. Precisamos entender o que é a predileção e eleição que Deus tem por nós. Muitas vezes, falamos do amor de Deus, mas não fazemos a experiência do amor e da graça de Deus. Temos dificuldade de experimentar a eleição de Deus em nossas vidas. No texto do Apocalipse, encontramos o título de "Os eleitos". Esses eleitos somos nós, graças ao que Jesus fez por nós na Cruz, ao nos libertar do pecado e nos dar a graça de ter esta intimidade com o Pai.

No dia do seu batismo, você tornou-se um eleito de Deus. O Senhor pensou em você! Você é único no coração de Deus, por isso, não fique se comparando com os demais. Deus não somente pensou em você, como também o elegeu. O sacramento do batismo imprime em nós um caráter indelével, que ninguém pode nos tirar. Esta marca ficará em nós até o nosso encontro definitivo com o Senhor, porque Ele nos ama. Talvez você pense: "Eu não sou digno!". Deus morreu em uma cruz para nos purificar. Precisamos acolher esta eleição e as graças de Deus.

Para isso, Jesus já pagou todo o preço na Cruz, mas parece que nós valorizamos somente as coisas pelas quais temos de pagar. Temos dificuldade de valorizar aquilo que é de graça e por isso não acolhemos esta escolha de Deus. São Basílio Magno afirma:

> É preciso romper com a vida passada. Mas ninguém pode conseguir isto se não nascer de novo, conforme a palavra do Senhor, porque o renascimento, como a própria palavra indica, é o começo de uma vida nova. Por isso, antes de começar esta vida nova, é preciso pôr fim à antiga.

Devemos acolher este amor de Deus. Quando acolhemos a misericórdia de Deus, nós o fazemos não para que continuemos no pecado, mas para mudar de vida. O Senhor, cada vez mais, vai mudando o nosso interior, mas, para isso, é preciso termos uma decisão e nos posicionar favoravelmente à Sua vontade.

Cristo entregou-se para nos dar vida nova porque vale a pena a viver. Precisamos nos posicionar como cristãos na realidade em que estamos vivendo. Se temos dificuldade de rezar, então precisamos acordar mais cedo para fazer isso. É preciso romper com a vida passada de pecado e desejar viver a santidade. Queira nascer de novo, mesmo que você esteja há anos na caminhada com Deus. Queira retomar o seu processo de conversão. Hoje o Senhor pega em nossas mãos para retomarmos a nova vida.

Hoje é o dia em que precisamos ressuscitar com Cristo. Não tem como você se esquecer do seu passado, mas é necessário você começar a rescrever a sua vida, contando com a graça de Deus.

É promessa de Deus: Ele vai enxugar as nossas lágrimas e reservou um lugar para nós ao lado Dele. Mas, para chegar lá, é preciso ter este desejo profundo de dar a vida por Jesus. Quando falamos de martírio, lembramo-nos de tantos cristãos que estão dando a vida por Jesus, mas nós, muitas vezes, não temos a coragem de ser mártires, nem de dar testemunho de nossa fé. Temos medo de ser cristãos, de fazer o sinal na cruz em um restaurante ou até mesmo de falar que lemos a Bíblia.

Estamos vivendo um tempo em que muitos querem destruir o Cristianismo e as famílias, porque nós os incomodamos. Cristo incomoda, porque Ele fala de ética e de moral. Muitos de nós queremos fugir da vontade de Deus, porque não queremos passar pela tribulação. Mas Jesus disse que "vomita o morno", portanto, você que traz a marca do Batismo só tem o direito de ser "quente".

É preciso dar um autêntico testemunho cristão. Precisamos exalar o aroma de Deus em nossas vidas com o nosso jeito de ser e de nos comportar. Se você for fiel ao Senhor em meio à dor, o seu sofrimento vai passar. A nossa vida é assim: existem as experiências de dor e tribulação, mas a nossa ressurreição chega! Em meio às suas dores e dificuldades, não desista de amar Jesus, porque o Domingo da Ressurreição vai chegar em sua vida.

Precisamos ser treinados na vida com Deus. Rezar também é um combate; mesmo sem vontade, precisamos rezar, porque somente em Deus nós nos realizamos.

Ao criarmos comunhão com Deus, as coisas vão se ajeitando, ao passo que, ao nos afastarmos Dele, traçamos um caminho de infelicidade, porque nos afastamos do único que pode trazer alegria ao nosso coração.

Quando a pessoa está bem interiormente, ela se dá bem com o cônjuge, com os filhos e com os colegas de trabalho. Mas não sabemos pelo que ela está passando, por isso, não temos o direito de julgá-la: afinal, corremos o risco de estar na mesma situação em que ela se encontra. Muitas vezes, apontamos o dedo para acusar e falar mal de alguém, sem nos dar ao trabalho de escutar aquela pessoa e saber qual é a sua história.

Se estamos realmente buscando a Deus, devemos lutar para ser melhores a cada dia. Não seremos perfeitos, mas seremos melhores se nos esforçarmos e pedirmos a ajuda do Senhor. A minha vida de oração precisa conduzir as pessoas para Deus, não as afastar! Existem pessoas que começam a frequentar a Igreja e ficam chatas; não convertem ninguém. Se você tentar obrigar seu filho – principalmente se ele for adolescente – a ir à Igreja, ele certamente não irá; porém, se você o convidar com carinho, certamente o fará pensar na proposta.

O Reino dos Céus sofre violência; mas será que realmente temos sido violentos na luta contra o pecado? Muitos têm se cansado, desistido, fracassado. Precisamos assumir que somos católicos para valer. Deus mora em nosso coração e nos chama a sermos guerreiros e a dar a vida verdadeiramente pelo Reino Dele.

A vida com Deus não pode ser um peso. Muita gente diz que "quanto mais reza, mais assombração aparece". Isso não é verdade, pois se estamos em Deus, as coisas não podem ficar mais difíceis! O inimigo de Deus pode tentar nos derrotar, sim; mas quem está em Deus sempre se levanta:

> Eu sou o Senhor, teu Deus, que te tomo pela mão e te digo: "Não temas; eu te ajudarei. Não tenhas medo, Jacó, pobre verme, não temais, homens de Israel. Eu vos ajudarei", diz o Senhor e Salvador, o Santo de Israel. (Isaías 41,13-20)

Esta é a experiência com o Pai. Se não soubermos ser filhos, não saberemos ser pais, mães, irmãos. Precisamos ter a certeza de que somos filhos de Deus. O Altíssimo nos coloca de pé para sermos felizes. Precisamos tomar posse da verdade de que o Senhor nos ama e nos quer felizes, porque há uma marca Dele em nossos corações. Quantas vezes, em vez de viver como imagem e semelhança de Deus, ficamos nos arrastando pelo mundo?

Quem precisa da ajuda de Deus? "Não temas; eu te ajudarei!", diz a Palavra em Isaías 41,13-20. Algumas vezes, buscamos ajuda em pessoas, mas é Deus quem de fato nos ajuda. Se você é pai ou mãe, tem a bênção do Alto sobre você e deve distribuí-la a seus filhos. Talvez você já tenha confiado numa benzedeira, mas não confiou em si mesmo para orar por seu filho. Se você não sabe fazer orações com belas palavras, reze a oração do Santo Anjo, um Pai-Nosso, uma Ave-Maria. Confie na graça que Deus confiou a você, como pai, como mãe.

Quais são os medos que o estão atormentando? Confie no Senhor! Ele vai ajudá-lo, ainda que você não esteja sentindo, pois Deus não é sentimento. Precisamos tomar posse de que o Senhor é presença viva em nossas vidas.

Este é o tempo de fazermos a experiência da graça de Deus. Mas, antes, é necessário despertarmos para esta graça. Tomando posse da verdade de que o Senhor é misericórdia, amor e compaixão, é possível nos levantarmos e fazermos uma nova experiência com Deus.

> Isso é tanto mais importante, porque sabeis em que tempo vivemos. Já é hora de despertardes do sono. A salvação está mais perto do que quando abraçamos a fé. A noite vai adiantada, e o dia vem chegando. Despojemo-nos das obras das trevas e vistamo-nos das armas da luz. Comportemo-nos honestamente, como em pleno dia: nada de orgias, nada de bebedeira; nada de desonestidades nem dissoluções; nada de contendas, nada de ciúmes. Ao contrário, revesti-vos do Senhor Jesus Cristo e não façais caso da carne, nem lhe satisfaçais os apetites. (Romanos 13,11-14)

É preciso reconhecer o momento da graça em que vivemos. É tempo de encontro com Nosso Senhor Jesus Cristo! É tempo de parar e refletir sobre como estamos vivendo. É preciso, de tempos em tempos, parar e organizar a vida. Quando começarmos a organizar as coisas externas, começaremos também a organizar o nosso interior.

Como está a sua vida? Pergunte-se: "Será que minha vida com Deus está bem? Como vai minha vida com as pessoas da minha casa? Nas pastorais e grupos da Igreja, estou em paz com os irmãos?". Talvez hoje seja o dia de fazer uma reflexão e descobrir em que ponto você está em sua vida.

Canção Nova – lugar de encontro com Deus

A Canção Nova é o grande Santuário da Divina Misericórdia. Muitas pessoas, ao entrar no ambiente da Chácara de Santa Cruz (sede da Comunidade), dizem: "Aqui é um pedacinho do céu". Muitas vezes já me questionei sobre as graças, curas, milagres, conversões e transformações de vida que aconteceram e acontecem nesse "pedacinho do céu". Como é possível que tudo isso ocorra, mesmo que sejamos falhos, que nem sempre acolhamos os peregrinos de maneira adequada, ou que não consigamos atender a todos na oração e confissão? Qual seria o segredo?

A resposta é simples: a Canção Nova é uma Obra de Deus e o pedido de Nosso Senhor é que levemos cada vez mais as pessoas ao encontro pessoal com Jesus e ao Batismo no Espírito Santo, preparando um povo bem disposto para a vinda gloriosa de Jesus.

O céu que as pessoas experimentam na Canção Nova é feito de gente. São jovens que um dia resolveram largar tudo – casa, pai, mãe, emprego, faculdade, namoro, sonhos, planos – para seguir um chamado, uma missão. Não são jovens "mal resolvidos"; pelo contrário, são pessoas que, diante de um chamado, decidiram entregar a vida pela evangelização.

O "pedacinho de céu" é constituído por irmãos que sentem saudade de casa, dos amigos, dos familiares e que, por isso, choram muitas vezes e têm vontade de desistir – mas eles não abandonam o barco, por causa do amor ao chamado e por causa desse povo que precisa experimentar cada vez mais o amor e a misericórdia de Deus. Nossas falhas e pecados são também motivos para os lançarmos na misericórdia, para que o próprio Senhor nos cure e restaure para melhor servir.

Lembro-me do testemunho de um casal em que a esposa já conhecia a Canção Nova, mas o esposo não gostava nem de ouvir falar a respeito. Um dia, voltando da cidade de Campos do Jordão/SP, ela insistiu bastante para que fossem a Cachoeira Paulista e conhecessem a Chácara. E assim fizeram.

Segundo o esposo, algo novo começou a acontecer com ele ao entrar na Canção Nova. Quando se deu conta, ele estava no Rincão do meu Senhor com os braços levantados, louvando a Deus. Estavam lá ele, o filho e a esposa, que ficou espantada com aquele gesto. Ela perguntou o que tinha acontecido, e ele respondeu: "Não sei. Só sei que não quero mais sair desse lugar". E, depois daquele dia, aquele homem nunca mais deixou de vir à Canção Nova, pois sua experiência foi pra valer, mudou sua vida, do seu filho e da sua família.

A graça acontece não porque sejamos melhores que os outros; pelo contrário, somos difíceis, sim. Na linguagem do nosso Pai Fundador, Mons. Jonas Abib, somos "um bando de leprosos que estão em tratamento". Contudo, não podemos negar a eficácia da graça de Deus. Não podemos negar os milagres que aconteceram e continuam acontecendo nesta Obra de Deus. Quantos casais restaurados, quantos jovens recuperados, quantas vidas reconstruídas! Como disse, isso não acontece porque sejamos os melhores, mas porque invocamos o Melhor, amamos e adoramos o Deus da vida e da misericórdia.

Santuário do Pai das Misericórdias – lugar do abraço de Deus

Mons. Jonas Abib, fundador da Comunidade Canção Nova, tinha profetizado após a primeira festa da Divina Misericórdia, no ano de 2002, que a Canção Nova construiria um Santuário para acolher a todos, em especial aqueles mais necessitados do amor e da misericórdia de Deus. Seria um espaço para oração, meditação, pregação, atendimentos, confissões, mas, sobretudo, lugar de encontro com Deus, lugar de lançar-se nos braços do Pai.

Graças a Deus, a promessa se cumpriu. Temos nosso Santuário, o Santuário do Pai das Misericórdias e Deus de toda a consolação – lugar da volta do filho pródigo ao encontro do Pai, lugar do amor, da misericórdia e da ternura de Deus.

Há uma passagem de São Lucas que nos mostra um jovem que tomou uma importante decisão. Veja bem, ele *decidiu*, porque a maioria de nossos erros e pecados são frutos de nossas escolhas erradas. Dentro da nossa liberdade, escolhemos, muitas vezes, caminhos que nos destroem, nos roubam de nós mesmos, nos levam à perdição e à falta de sentido na vida. Leiamos:

> Um homem tinha dois filhos. O mais moço disse a seu pai: "Meu pai, dá-me a parte da herança que me toca". O pai então repartiu entre eles os haveres. Poucos dias depois, ajuntando tudo o que lhe pertencia, partiu o filho mais moço para um país muito distante, e lá dissipou a sua fortuna, vivendo dissolutamente. Depois de ter esbanjado tudo, sobreveio àquela região uma grande fome e ele começou a passar penúria. Foi pôr-se ao serviço de um dos habitantes daquela região, que o mandou para os seus campos guardar os porcos. Desejava ele fartar-se das vagens que os porcos comiam, mas ninguém lhas dava.

Entrou então em si e refletiu: "Quantos empregados há na casa de meu pai que têm pão em abundância... e eu, aqui, estou a morrer de fome! Levantar-me-ei e irei a meu pai, e dir-lhe-ei: Meu pai, pequei contra o céu e contra ti; já não sou digno de ser chamado teu filho. Trata-me como a um dos teus empregados".

Levantou-se, pois, e foi ter com seu pai. Estava ainda longe, quando seu pai o viu e, movido de compaixão, correu-lhe ao encontro, lançou-se-lhe ao pescoço e o beijou. O filho lhe disse, então: "Meu pai, pequei contra o céu e contra ti; já não sou digno de ser chamado teu filho". Mas o pai falou aos servos: "Trazei-me depressa a melhor veste e vesti-lha, e ponde-lhe um anel no dedo e calçado nos pés. Trazei também um novilho gordo e matai-o; comamos e façamos uma festa. Este meu filho estava morto, e reviveu; tinha se perdido, e foi achado". E começaram a festa.

O filho mais velho estava no campo. Ao voltar e aproximar-se da casa, ouviu a música e as danças. Chamou um servo e perguntou-lhe o que havia. Ele lhe explicou: "Voltou teu irmão. E teu pai mandou matar um novilho gordo, porque o reencontrou são e salvo". Encolerizou-se ele e não queria entrar, mas seu pai saiu e insistiu com ele. Ele, então, respondeu ao pai: "Há tantos anos que te sirvo, sem jamais transgredir ordem alguma tua, e nunca me deste um cabrito para festejar com os meus amigos. E agora, que voltou este teu filho, que gastou os teus bens com as meretrizes, logo lhe mandaste matar um novilho gordo!". Explicou-lhe o pai: "Filho, tu estás sempre comigo, e tudo o que é meu é teu. Convinha, porém, fazermos festa, pois este teu irmão estava morto, e reviveu; tinha se perdido, e foi achado". (Lc 15,11-32)

Quantos são os filhos perdidos no mundo de hoje! Há muitos jovens, filhos queridos de Deus, que decidiram sair da casa do Pai e se perder nas trevas da escuridão. Mas o mais importante é saber que, a qualquer momento que decidirmos voltar, o Pai estará nos esperando de braços abertos.

O jovem da parábola bíblica partiu e gastou tudo nas festas, com os "amigos", mulheres, farras, enfim, foi se dando às coisas e às pessoas como um objeto. Mas, em dado momento, tudo começou a faltar. Os amigos se afastaram, o dinheiro havia acabado, a vida "ideal" tinha desaparecido. Nessa hora devem ter surgido as perguntas: "Quem sou eu? Onde estou? Para onde vou?".

Repare a que ponto chega um ser humano: ele quis comer comida dos porcos e nem isso conseguiu. O pecado, a vida velha, torna a pessoa cada vez mais fraca e desanimada. Quantos jovens hoje estão sem um ideal de vida, sem grandes sonhos e projetos! Onde estão os grandes pensadores, doutores e escritores? Quanto tempo teremos que esperar para aparecer alguém que se destaque?

Para muitos jovens, tem sido mais fácil ficar no WhatsApp, no Facebook, ou vivendo uma sexualidade desregrada junto com o consumo de drogas, do que ficar parado diante de um livro para estudar. Ouso dizer que o jovem de hoje tem duas escolhas: ou se converte e muda de vida, ou embarcará na onda, isto é, será mais um a reclamar de tudo e de todos, que nada vai fazer para mudar o País e a sociedade.

Caiu em si

Existem momentos em que precisamos parar e refletir: “Como está minha vida, minha caminhada? Estou agradando a Deus, às pessoas e a mim mesmo? Minha vida está sendo vivida de fato, ou estou apenas ‘levando a vida’?”.

Não podemos ir vivendo de qualquer jeito nossa vida. Precisamos parar, refletir, fazer uma avaliação, se possível diária, semanal ou mensal. Por isso é importante ter um projeto de vida, em que se proponham algumas metas e objetivos a serem alcançados.

Cair em si significa reconhecer que nem sempre acertamos, que mesmo sendo filhos, podemos errar e “pisar na bola”. No entanto, não somos só erros, só atitudes que não edificam. Uma boa análise de vida nos ajuda a reconhecer nossas qualidades e aqueles aspectos em que precisamos de conversão, precisamos melhorar.

Decidiu voltar

Se uma reflexão não leva à ação, ela não nos ajuda a crescer na nossa dimensão humana. O jovem poderia ter parado nele mesmo, nos seus erros, nos seus limites, vergonhas e frustrações. Mas ele decidiu que precisava voltar a ser filho, a ser gente, a ser quem ele sempre foi: amado por Deus.

Ele não ficou parado reclamando, culpando-se pelo passado errado ou se fazendo de vítima. Há pessoas que, em situações assim, recorrem à lamúria: “Tudo de errado acontece comigo. Você não sabe como eu sofro, não é fácil, coitadinho de mim...".

Jesus sempre pergunta: "O que você quer? Do que você precisa?". Ele não toma a atitude no lugar das pessoas, mas as motiva a tomar posse da graça e assumir a fé, assumir um tempo novo nas suas vidas.

Hoje, muitos precisam tomar decisões: decidir deixar um vício, um pecado; decidir começar uma dieta ou um exercício físico etc. Mas a decisão mais difícil de todas que precisamos tomar é a de VIVER. Isso mesmo: viver. Decisão de gostar da vida, das coisas, das pessoas, de olhar o mundo com os olhos de Cristo e não parar naquilo que não edifica. Precisamos decidir por um tempo novo em nossa vida, precisamos retomar, recomeçar, reviver, ressuscitar.

Decida, filho, filha. Decida pela fé, pela alegria, pelo perdão, pelo amor. Decida que, mesmo em meio às dificuldades, é possível ser feliz, é possível viver a fé e caminhar de cabeça levantada.

O jovem decidiu, mesmo em meio aos medos, aos pecados e à dúvida se seria ou não acolhido pelo Pai. Ele não esperou estar tudo pronto – pelo contrário, decidiu com muita coisa para ser resolvida. Assim aconteceu também com os leprosos, que foram curados enquanto caminhavam.

Não espere tudo estar bem para você ser feliz. Tome uma decisão *hoje*. Levante sua cabeça, assuma a Cruz de Cristo em sua vida e, com fé, siga em frente.

O pai sempre o esperou

O filho pródigo só decidiu voltar porque sabia que tinha um pai a quem poderia recorrer. Sabia que o pai estava lá, e que haveria um cantinho reservado para ele no seu coração.

A certeza de que tenho um Pai me dá segurança para voltar. Deus Pai não é aquele velho carrancudo, bravo, juiz, castigador que aprendemos quando crianças. Ele é o Pai das Misericórdias e Deus de toda consolação.

Quando avistou o filho, seu coração se alegrou. Ele abriu os braços para o acolher e cobriu-o de beijos. O jovem nem precisou falar de seus pecados; o Pai foi logo amando-o, acolhendo-o e curando seu coração.

Por quanto tempo o pai esperou por esse filho! Quantos dias de preocupação, de querer saber onde estava e o que estava fazendo... Quanta dor nesse coração de pai! Pois não era alguém desconhecido que tinha saído de casa, mas seu filho.

Quando um filho se afasta de Deus e da Igreja, o Pai sente saudades, fica preocupado e esperando seu retorno. E ele não vai sossegar enquanto esse filho não voltar.

A parábola diz que o pai pediu para trazer a melhor túnica, a túnica mais nova. Se existia uma túnica nova, então podemos dizer que todos os dias ele fazia uma túnica à espera do filho.

Por quanto tempo você vai deixar o Pai esperando por você? Quantas túnicas o Pai vai precisar fabricar?

Saiba que você tem um lugar único, exclusivo no coração de Deus. Existe um lugarzinho que é só seu. Na casa do Pai, o filho recebe o anel, as sandálias, a dignidade novamente.

Na casa do Pai é possível recomeçar e ser feliz, recuperar o que tinha perdido e ter muito mais.

Não queira viver à margem. Volte para a casa do Pai, volte para Deus, volte para o amor e para a misericórdia. Deus tem muito mais para você; basta tomar uma decisão hoje.

Nosso Santuário foi edificado para construir vidas de pessoas que talvez estejam sem forças para caminhar. Tudo tem um sentido nesse ambiente espiritual, mas destaco o mosaico do pai acolhendo o filho. Assim, todos devemos nos sentir acolhidos pelo Pai das Misericórdias e Deus de toda consolação. Nesse encontro existe um projeto de Deus, um mistério que só quem experimenta sabe e pode definir a alegria de sentir-se amado e acolhido, restaurado e reencontrado, curado e transformado.

Estar na Canção Nova e visitar nosso Santuário é uma oportunidade de se jogar em Deus e deixar que Ele cuide das machucaduras e feridas que trazemos no coração. Sempre é tempo para voltar. O pai sempre está nos esperando.

Hoje, decida ser filho e viver como filho. Decida viver em Deus e na sua graça, decida ser realizado e viver com amor e alegria tudo o que fizer. Afinal, você não é qualquer um; é filho amado de Deus.

> Bendito seja Deus e Pai de Nosso Senhor Jesus Cristo, o Pai das Misericórdias e Deus de toda a consolação, que nos consola em todas as nossas aflições, para que, com a consolação que nós mesmos recebemos de Deus, possamos consolar os que se encontram em toda e qualquer aflição. (1Cor 1,3-4)
>
> É próprio de Deus usar de misericórdia. Deus permanecerá para sempre na história da humanidade como Aquele que

> está presente, Aquele que é próximo, providente, santo e misericordioso... É Ele quem perdoa as tuas culpas e cura todas as tuas enfermidades. É Ele quem resgata a tua vida do túmulo e te enche de graça e ternura, dá vista aos cegos, levanta os abatidos, cura os de coração atribulado e trata-lhes as feridas, ampara os humildes, mas abate os malfeitores até ao chão (147/146, 3.6).
>
> Em suma, a misericórdia de Deus não é uma ideia abstrata, mas uma realidade concreta, pela qual Ele revela o seu amor como o de um pai e de uma mãe que se comovem pelo próprio filho até ao mais íntimo das suas vísceras... Nas parábolas dedicadas à misericórdia, Jesus revela a natureza de Deus como a de um Pai que nunca se dá por vencido, enquanto não tiver dissolvido o pecado e superada a recusa com a compaixão e a misericórdia.
>
> Conhecemos estas parábolas, três em especial: a da ovelha extraviada e da moeda perdida, e a do pai com os seus dois filhos (cf. Lc 15, 1-32). Nestas parábolas, Deus é apresentado sempre cheio de alegria, sobretudo quando perdoa. Nelas, encontramos o núcleo do Evangelho e da nossa fé, porque a misericórdia é apresentada como a força que tudo vence, enche o coração de amor e consola com o perdão. (*Misericordiae Vultus*, 6-7)

É o tempo da graça, da misericórdia, da conversão e do retorno para Deus. Ele está se derramando em graças e bênçãos sobre a humanidade. Diante de um mundo promíscuo e tendencioso, Nosso Senhor está nos dando uma grande oportunidade de vida nova, mas uma vida que vale a pena mesmo. Tenho a impressão de que muitos vivem se arrastando e se carregando; tudo lhes parece difícil e complicado, nada é fácil, e por isso vão entregando os pontos aos poucos.

Deus acredita em você, Deus acredita em mim, Deus acredita em nós. Mesmo aquele que tirou uma vida, pode ser que tenha ganhado o céu. Nós não sabemos, pois a Igreja nunca disse de alguém que está no inferno; disse que há santos no céu, somente isso. Portanto, não cabe a nós o julgamento.

Não pare em você, nas suas dores e machucaduras, ou na sua história sofrida de pecados e situações que tentam levá-lo para baixo. Quantas vezes vamos precisar ouvir que Deus nos ama e não desiste de nós, que foi capaz de mandar seu próprio Filho para nos salvar e nos dar a oportunidade de viver com dignidade novamente?

Deus foi capaz de insistir com a pecadora, com Davi, com Pedro, comigo e com tantos outros que se deixaram encontrar por Ele. Deus é capaz de mudar sua vida e sua história, fazer de você uma pessoa feliz e realizada, que sabe quem é, o que faz e para quem faz.

O Senhor é o nosso Tudo. Nele podemos nos realizar e superar qualquer obstáculo. Nele buscamos forças para retomar a nossa caminhada. Nele, e com Ele, somos chamados a caminhar levando nossa cruz e buscando um sentido para tudo o que fazemos; afinal, não estamos sozinhos. Ele mora no nosso coração, somos Templo do Espírito Santo, Santuário de Deus, habitação da Trindade.

Jesus, que não é intrometido, lhe propõe estas perguntas no dia de hoje:

- O que você quer?
- O que você deseja?

- Alguém o condenou?
- Você quer ficar curado?
- Onde dói?
- Onde é difícil mexer?
- Por onde vamos começar?
- Será que posso fazer a diferença na sua vida?
- Onde você precisa retomar?
- Quais são os seus sonhos que estão enterrados?
- Que tipo de vida você tem vivido?
- Que diferença tenho feito na sua história?

> Então Jesus perguntou-lhes: "Quem diz o povo que eu sou?" Eles responderam: "Uns dizem que és João Batista; outros, que és Elias; mas outros acham que és algum dos antigos profetas que ressuscitou". Mas Jesus perguntou: "E vós, quem dizeis que eu sou?" (Lc 9,18-20)

Quem é Cristo para você? O Senhor da sua vida, da sua caminhada, da sua história? Esse Cristo precisa ir tomando conta de todo o seu ser. Ser cristão é ser outro cristo, é viver e ter atitudes de Jesus, mas não só isso: é assumir a vida de Jesus em nossa vida, é ser de Deus, tendo a certeza em todos os momentos e atividades, que nosso porto seguro é Deus. Ele veio ao mundo para nos dignificar e trazer vida plena, vida nova. Saiba que não foi pouco o que Jesus fez por nós. Por isso, não podemos brincar com nossa fé. Ele não desiste de você...

O Espírito nos renova a cada dia e faz com que evangelizemos com face de ressuscitado, pois o Cristo vivo reina em nossos corações e nos transforma por inteiro.

A alegria do Evangelho enche os corações e as vidas de todos os que encontram Jesus. Aqueles que aceitam a Sua oferta de salvação são libertados do pecado, tristeza, vazio interior e solidão. Ter alegria, com Cristo, é constantemente nascer de novo.

Eu convido todos os cristãos, em toda parte, neste momento, a um encontro pessoal com Jesus Cristo renovado, ou, pelo menos, uma abertura para deixá-Lo encontrá-los. Sempre que se dá um passo em direção a Jesus, chegamos a perceber que Ele já está lá, esperando por nós com os braços abertos.

Agora é a hora de dizer a Jesus: "Senhor, eu deixei-me seduzir; de mil maneiras eu me esquivei de seu amor; ainda aqui estou eu mais uma vez, para renovar a minha aliança convosco. Eu preciso de você. Salve-me, mais uma vez, Senhor, leve-me uma vez mais em seu abraço redentor".

[...] Deixe-me dizer isto mais uma vez: Deus não se cansa de nos perdoar; somos nós que nos cansamos de procurar a Sua misericórdia. Cristo, que nos disse para perdoar uns aos outros "setenta vezes sete" (Mt 18,22) deu-nos o seu exemplo: Ele nos perdoou setenta vezes sete. E outra vez Ele nos leva sobre seus ombros. Não vamos fugir da ressurreição de Jesus, vamos nunca desistir, venha o que vier. Nada pode inspirar mais sua vida, que nos impele para a frente!

Eu entendo a dor das pessoas que têm de suportar grande sofrimento, mas certamente, todos nós temos de deixar a alegria da fé lentamente reviver com uma confiança ainda firme, calma, mesmo em meio à maior angústia.

> Às vezes somos tentados a encontrar desculpas e reclamar, agindo como se só pudéssemos ser felizes se mil condições foram satisfeitas... Posso dizer que as mais belas e naturais expressões de alegria que eu já vi na minha vida foram em pessoas pobres, que tinham pouco para segurar.
>
> Eu também considero que a verdadeira alegria é mostrada por outros que, mesmo em meio à pressão de obrigações profissionais, foram capazes de preservar, no desapego e simplicidade, um coração cheio de fé. Cada qual à sua própria maneira, todos esses casos de alegria fluem a partir do infinito amor de Deus, que se revelou a nós em Jesus Cristo.
>
> (Cf. *Evangelii Gaudium*, 1.3-7)

Ao criarmos comunhão com Deus, as coisas vão se ajeitando, ao passo que, se nos afastamos Dele, traçamos um caminho de infelicidade, porque nos afastamos do único que pode trazer alegria ao nosso coração. Quando a pessoa está bem interiormente, ela se dá bem com o cônjuge, com os filhos e com os colegas de trabalho. Se estamos realmente buscando a Deus, devemos lutar para ser melhores a cada dia. Não seremos perfeitos, mas seremos melhores se nos esforçarmos e pedirmos a ajuda do Senhor.

Precisamos tomar posse de que o Senhor é presença viva em nossas vidas. Este é o convite do Senhor para nós: despertemos para a graça, para a vida nova, para a vitória de Deus em nossa vida.

É preciso trilhar um novo caminho

Aquele que cai não diminui de tamanho. Mesmo que se machuque ou sofra alguma lesão, isso não é motivo para desistir. Vários atletas tiveram suas quedas em momentos decisivos e machucaram alguma região do corpo, fazendo com que desistissem por um momento do sonho de conquistar uma medalha ou um título.

Mas aqueles que são perseverantes, mesmo após perder a mobilidade de alguma parte do corpo, se adaptam e não desistem de lutar. Como é bonito perceber um paratleta que supera qualquer obstáculo e vai além da sua limitação física! Temos exemplos de inúmeros desportistas que superaram lesões, dores e limitações em prol de algo maior. Por que eles lutam e fazem todo esse esforço? Porque têm um objetivo, uma meta, um sonho de conquistar algo. Por isso, dedicam a vida toda àquilo em que acreditam.

E nós, como reagimos após uma queda? É certo que dói, machuca, causa um certo desânimo, algumas feridas, mas de que adiantará ficar cabisbaixo, olhando para a situação, sem forças para lutar e seguir em frente? Se aqueles que almejam uma medalha corruptível lutam e treinam todos os dias para ficarem mais fortes ainda, fazem tratamento para recuperar as forças e a saúde, quanto mais devemos nos esforçar nós, que almejamos uma coroa incorruptível (cf 1Cor 9,24-27). Não podemos perder o foco. Mesmo que no decorrer da caminhada aconteça uma situação desagradável, temos uma meta, temos um objetivo; não podemos parar e deixar de almejar céus novos e uma terra nova.

É possível se levantar, é possível reconstruir sua vida na força do Ressuscitado; basta querer, lutar e acreditar, porque

Deus acredita em você. Ele acredita ser possível subir um degrau a mais, dar mais um passo, avançar para águas mais profundas, pois o que espera por você é muito mais maravilhoso e glorioso. Basta perseguir e buscar!

Como um filho que não se contenta com pouco, corramos ao encontro do Cristo, ao encontro do Pai que nos espera para nos acolher de braços abertos, nos perdoar, amar e direcionar. Deus o ama e tem o melhor para você.

"Sede perfeitos como vosso Pai é perfeito" (Mt 5, 48)

É difícil entender essa Palavra, pois sabemos das nossas limitações e pecados, sabemos o quanto somos falhos e precisamos melhorar a cada dia.

Mas a Palavra fala de perfeição, de buscar ser como o Pai, ou melhor, imitar o Pai em tudo, sendo expressão dessa presença no mundo e na vida dos irmãos.

Será que isso é possível? Será que conseguiremos ser como o Pai, ou um pouco parecidos com Ele, levando em consideração nossa tendência ao pecado e às coisas de baixo, às coisas fáceis, que não exigem sacrifício?

Depois de experimentarmos o amor de Deus, de alcançarmos a certeza de que temos um lugar no seu coração de Pai, e de que nossos pecados não têm proporção com o tamanho da sua infinita misericórdia, não conseguiremos ficar parados. Só podemos e devemos buscar corresponder a tantas bênçãos, tantas graças e tanto cuidado de Deus para com cada um de nós.

Configurar nossa vida em Deus é o convite de cada dia. Isso é fruto de uma busca constante de santidade e intimidade com o Senhor, de um coração sedento pela água viva do Espírito Santo, um coração que não se acomoda com as realidades que o mundo oferece. Talvez nos assustemos com essa Palavra, porque temos medo de assumir o Deus que nos criou e a finalidade para a qual nos criou, temos medo de ser quem verdadeiramente deveríamos ser no coração de Deus. Assim, vamos cambaleando com nossa espiritualidade, nossa missão, vida fraterna, compromisso com a Igreja etc.

O chamado do Senhor implica uma entrega diária. Hoje eu posso ser um pouco mais parecido com o Pai, amanhã mais ainda e assim por diante, a cada dia.

Não podemos nos acomodar, pois os mornos serão vomitados pelo Senhor (Ap 3,15-16). Uma vez que experimentamos o Senhor, não podemos ser mornos nem frios, pois Ele já fez morada em nós; só falta alimentar essa presença e deixar que Ele reine cada vez mais em nossa vida e em nosso coração.

O fogo está aí, dentro do nosso ser. Mas precisa ser alimentado com lenha, com carvão. Se quisermos que ele dure muito tempo, deveremos colocar muita lenha ou muito carvão e, vez ou outra, soprar e reacender as brasas.

Nossa vida precisa ser alimentada com uma vida em Deus. “Amar a Deus sobre todas as coisas” é o primeiro mandamento e aquele que direciona nossa vida. Não tem segredo: ou cultivamos uma vida em Deus, ou vamos esmorecendo no meio do caminho.

Por que será que temos medo de nos entregar um pouco mais para Deus? Em geral, prosseguimos até um certo ponto e aí paramos – afinal, precisamos ser "equilibrados" e passar uma boa impressão para todos. Aqui não falo somente de algo externo, de um desequilíbrio para chamar a atenção, mas da nossa preocupação com os comentários que acaba nos neutralizando na busca e compromisso com o Senhor. Paramos de orar como antes, não usamos mais as expressões de fé: nossas mãos levantadas e a Palavra de Deus como nossa arma principal. Cuidado! Se é este o seu caso, algo pode estar acontecendo e você não percebeu.

Os grandes homens de Deus foram humilhados e perseguidos, mas não desistiram, não pararam, pois estavam dispostos a mergulhar um pouco mais a cada dia, a receber de Deus a sua gota diária de amor, misericórdia, unção, glória e avivamento.

Ser parecido com o Pai é não se contentar com nossas limitações, mas saber que é possível, na proximidade do Criador, ir melhorando aos poucos, pois Nele e com Ele conseguiremos. Esta perfeição não quer dizer ser melhor no sentido da vaidade ou do orgulho, mas na vida em Deus. É algo que se busca deixando-se tocar por Ele e, assim, aprendendo como agir com os irmãos e na sociedade.

> Os cristãos, de qualquer estado ou ordem, são chamados à plenitude da vida cristã e à perfeição da caridade. (CEC 2013)
>
> Para alcançar esta perfeição, empreguem os fiéis as forças recebidas segundo a medida em que Cristo as dá, a fim de que [...] obedecendo em tudo à vontade do Pai, se consagrem com

> toda a alma à glória do Senhor e ao serviço do próximo. Assim crescerá em frutos abundantes a santidade do povo de Deus, como patentemente se manifesta na história da Igreja, com a vida de tantos santos. (LG 40)
>
> Trata-se de uma participação vital, vinda "do fundo do coração", na santidade, na misericórdia e no amor do nosso Deus. Só o Espírito, que é "nossa vida" (Gl 5, 25), pode fazer "nossos" os mesmos sentimentos que existiram em Cristo Jesus. Então, a unidade do perdão torna-se possível, "perdoando-nos mutuamente como Deus nos perdoou em Cristo" (Ef 4, 32). (CEC 2842)

Ser perfeito como o Pai é, também, amar o próximo como a si mesmo. Mas isso é um desafio para todos nós. Queremos ser de Deus, queremos a glória e o poder; no entanto, quando um irmão nos machuca ou nos calunia, paramos nessas limitações.

A vida em Deus é uma benção, mas comporta colocar em prática a sua Palavra no seu todo, e não somente em partes. Seria cômodo rezar só a primeira parte do Pai-Nosso, esquecendo a segunda parte. Quantas vezes rezamos o Pai-Nosso com o coração cheio de mágoa e ódio, rezamos o terço e não conseguimos perdoar o irmão... ou, ainda, meditamos a Palavra e pulamos algumas partes que nos impelem a perdoar setenta vezes sete.

Perdão é decisão do coração, e não um sentimento que nos levará ao bem-estar. Isso pode até acontecer posteriormente, mas será necessário darmos um passo. Em algumas situações, teremos que agir por amor a Jesus Cristo, que nos deu o exemplo na Cruz, perdoando a todos, sem exceção. Mas essa decisão precisa ser renovada a cada dia ou a cada momento em que eu me lembrar da situação ou da pessoa. Assim, vai acontecendo a cura do ressentimento.

Ficar ressentindo algo é como ficar batendo em uma ferida o tempo todo: nunca vai sarar. Não fique voltando ao passado ou à situação. Não! O homem de Deus busca dar uma resposta diferente e superar as adversidades a cada dia, pois o pecado e a falta de perdão nos paralisam. No entanto, somos chamados a viver na liberdade de filhos amados de Deus.

Perdoar é tirar os entraves do coração que nos aprisionam e dar liberdade para o Espírito Santo agir poderosamente em nosso interior. Mesmo que seja um passo de cada dia, uma decisão a cada momento, um deixar-se tocar e ser tocado pela misericórdia para, assim, ser misericordioso. Isso vale a pena, mil vezes vale a pena, pois somos chamados a fazer a diferença em todos os lugares. Além disso, em muitas situações o meu testemunho de vida evangelizará muito mais que palavras. Ser de Deus é buscar a cada momento configurar-se a Ele, sendo coerente com essa escolha.

"É para a liberdade que Cristo vos libertou" (Cf Gl 5,1). Queira viver como filho e ser livre para amar, adorar e servir a Deus. Você pode começar hoje um tempo novo, uma história nova, tomar a decisão de ser mais de Deus e mais dos irmãos. Assim, você estará mergulhando cada vez mais no poder da graça e da misericórdia do Senhor.

É certo que Deus quer você, eu, cada um de nós felizes. O Senhor faz de tudo para que recebamos suas bênçãos e vivamos como filhos do Pai. Basta aceitar e começar agora esse tempo de *Kairós*, o momento oportuno que Deus está nos proporcionando. Ou será que foi por acaso que você teve contato com esta obra?

Oração

Senhor, eu reconheço que já não sou mais o mesmo, que algo novo aconteceu na minha vida. Deus me conquistou novamente. É possível trilhar um novo caminho sem ficar preso ao passado, porque entendi que Deus me escolheu e que os meus pecados foram lavados no sangue do Cordeiro. Uma vez marcado por Ele, sempre marcado, amado, olhado com misericórdia.

Agora, peço uma unção nova para ser fiel. Quero e preciso ser fiel! Necessito ser fiel desde agora, neste momento. Dá-me fidelidade, Senhor. Derrama o teu Espírito Santo para me fazer mais santo, mais de Deus, mais íntimo do seu coração.

Que eu queira permanecer na casa do Pai para sempre. Que eu possa experimentar a alegria do retorno, o abraço do Pai, as vestes novas, anel no dedo e sandálias nos pés. Sim, porque agora começa uma história diferente; agora vou viver como filho e não mais como renegado ou excluído. Sou filho, sou único no coração de Deus.

Nada nem ninguém pode me impedir de viver esse relacionamento com Deus. Ninguém pode tirar essa filiação; ninguém pode dizer que não tenho valor, porque sei que, antes mesmo de eu ter nascido, o Senhor pensou em mim, criou-me à sua imagem e semelhança e me tornou templo do Espírito Santo.

Por isso, Senhor, quero trilhar um novo caminho, e para isso preciso buscar corresponder aos seus desígnios a cada dia, cada minuto, cada momento. Sopra sobre mim, sopra sobre nós, sopra sobre cada filho e filha que neste momento está voltando a viver, está retornando para casa com esperança e desejo de ser parecido como o Pai, de estar cada vez mais próximo do seu amor e da sua infinita misericórdia. Amém!

Foi possível, é possível, será possível. Basta querer e deixar Deus ser Deus na sua vida.

Referências bibliográficas

DAS HOMILIAS SOBRE OS EVANGELHOS, de São Gregório Magno. *Liturgia das Horas III,* Rio de Janeiro: Vozes, Paulinas, Paulus, Ave-Maria, 2000 p. 1404-1406

JOÃO PAULO II. *Catecismo da Igreja Católica.* São Paulo: Loyola, 2000.

PAPA FRANCISCO. Disponível em <http://w2.vatican.va/content/francesco/pt/bulls/documents/papa-francesco_bolla_20150411_misericordiae-vultus.html>. Acesso dia 14 de dezembro de 2015.

DENZINGER, Heinrich. *Compêndio dos símbolos, definições e declarações de fé e moral.* São Paulo: Paulinas; Loyola, 2007.

CONCÍLIO ECUMÊNICO VATICANO II. "Constituição pastoral Gaudium et Spes sobre a Igreja no mundo atual". In *Documentos do Concílio Ecumênico Vaticano II.* São Paulo: Paulus, 1997.

PACOMIO, Luciano. *Lexicon: Dicionário Teológico Enciclopédico*. São Paulo: Loyola, 2003.

BÍBLIA DE JERUSALÉM. São Paulo: Paulus, 2002. Nova edição, revista e ampliada.

CANTALAMESSA, Raniero. *O Canto do Espírito. Meditações sobre o "Veni Creator"*. Petrópolis: Vozes, 1998.

CONCÍLIO ECUMÊNICO VATICANO II. "Constituição dogmática Lumen Gentium sobre a Igreja". In *Documentos do Concílio Ecumênico Vaticano II*. São Paulo: Paulus, 1997.

CONCÍLIO ECUMÊNICO VATICANO II. "Constituição Dogmática Dei Verbum sobre a Revelação Divina". In *Documentos do Concílio Ecumênico Vaticano II*. São Paulo: Paulus, 1997.

DE LA PEÑA, Juan Luis Ruiz. *Teologia da Criação*. São Paulo: Loyola, 1989.

DE LA PEÑA, Juan Luis Ruiz. *Criação, Graça, Salvação*. São Paulo: Loyola, 1998.

RITUAL DO BATISMO DE CRIANÇAS. São Paulo: Paulus, 2005.

MIRANDA, Mário de França. *A salvação de Jesus Cristo: a doutrina da graça*. São Paulo: Loyola, 2009.

MAÇANEIRO, Marcial. *Deus Pai e seu amor salvífico em alguns documentos de Paulo VI e João Paulo II: leitura teológica de textos seletos*. Roma: PUG, 2001.

JOÃO PAULO II. Carta Encíclica "Dominum et Vivificantem" do Sumo Pontífice João Paulo II sobre o Espírito Santo na vida da Igreja e do mundo. In *Encíclicas de João Paulo II*. São Paulo: Paulus, 2001.

LACOSTE, Jean-Yves. MENEZES, Paulo... (et al.) (trad.). *In Dicionário Crítico de Teologia*. São Paulo: Paulinas; Loyola, 2004.

FIGUEIREDO, Dom Fernando Antônio. *Curso de Teologia Patrística III – A vida da Igreja Primitiva*. Petrópolis: Vozes, 1998.

JOÃO PAULO II. Carta Encíclica "Redemptoris Missio" do Sumo Pontífice João Paulo II sobre a validade permanente do mandato missionário. In *Encíclicas de João Paulo II*. São Paulo: Paulus, 1997.

BENTO XVI. *Audiência geral na sala Paulo VI dia 30 de Novembro de 2011*. Disponível em <www.vatican.va/holy_father/benedict_xvi/audiences/2011/documents/hf_benxvi_aud_20111130_po.html>. Acesso dia 14 de dezembro de 2015.

HOMILIA DE FREI RANIERO CANTALAMESSA NA CELEBRAÇÃO DA PAIXÃO DO SENHOR. Disponível em<http://www.vatican.va/liturgical_year/holy-week/2013/documents/holy-week_homily-fr-cantalamessa_20130329_po.html>. Acesso dia 14 de dezembro de 2015.

PAPA FRANCISCO. Disponível em <http://w2.vatican.va/content/francesco/pt/angelus/2013/documents/papa-francesco_angelus_20131215.html>. Acesso dia 14 de dezembro de 2015.

PAPA FRANCISCO. Disponível em <http://papa.cancaonova.com/a-misericordia-de-deus-vai-alem-da-justica-diz-papa-francisco/>. Acesso dia 14 de dezembro de 2015.

PAPA FRANCISCO. Disponível em <http://www.pt.josemaria-escriva.info/artigo/primeiro-c2ngelus-do-papa-francisco3a-93deus-nunca-se-cansa-de-perdoar94>. Acesso dia 14 de dezembro de 2015.

SANTO AGOSTINHO. Cantemos ao Senhor o canto do amor. *Liturgia das Horas II,* Rio de Janeiro: Vozes, Paulinas, Paulus, Ave-Maria, 2000 p. 642-643.

PAPA FRANCISCO. *Evangelii Gaudium.* São Paulo, Paulinas, 2013.

Abreviaturas e siglas

AG	Ad Gentes
AT	Antigo Testamento
CEC	Catechismus Ecclesiae Catholicae (Catecismo da Igreja Católica)
CIC	Codex Iuris Cononici (Código de Direito Canônico)
CDSI	Compêndio da Doutrina Social da Igreja
CEBs	Comunidades Eclesiais de Base
CoMIn	Conselho de Missão entre Índios
DP	Documento de Puebla
DV	Dei Verbum
DeV	Dominum et Vivificantem
DSD	Documento de Santo Domingo
DAp	Documento de Aparecida
Ds	Denzinger, (tamém se usa *Dz*)

EN	Evangelii Nuntiandi
GS	Gaudium et Spes
LG	Lumen Gentium
MC	Marialis cultus
NC	Novas Comunidades
NME	Novos Movimentos Eclesiais
NT	Novo Testamento
RCC	Renovação Carismática Católica
RH	Redemptor Hominis
RM	Redemptoris Mater
RMi	Redemptoris Missio
SC	Sacrosanctum Concilium
TMA	Tertio Millennio Adveniente
TQ	Teologia em Questão

Leia também:

Emanuel Stênio
Levanta-te e anda
O desafio de chegar até o fim

Pe. Reinaldo Cazumbá
Onde está
DEUS?